Carl-Auer
Fachbücher für jede:n

»Der intuitive Geist ist ein heiliges Geschenk und der rationale Verstand ein treuer Diener. Wir haben eine Gesellschaft erschaffen, die den Diener ehrt und das Geschenk vergessen hat.«

Albert Einstein

»Er dachte einige Zeit nach. Dann sprach er weiter: ›Man darf nie an die ganze Straße auf einmal denken, verstehst du? Man muss nur an den nächsten Schritt denken, an den nächsten Atemzug, an den nächsten Besenstrich. Und immer wieder nur an den nächsten.‹ Wieder hielt er inne und überlegte, ehe er hinzufügte: ›Dann macht es Freude; das ist wichtig, dann macht man seine Sache gut. Und so soll es sein.‹«

Beppo Straßenkehrer in Michael Endes *Momo*

Monika Zieschang

SELBST-BEWUSST LEICHT LEBEN

KONSTRUKTIVE SPRACHE UND KOMMUNIKATION MIT DEM EIGENEN KÖRPER

2023

Reihe »Fachbücher für jede:n«
Reihengestaltung und Satz: Nicola Graf, Freinsheim, www.nicola-graf.com
Umschlaggestaltung: B. Charlotte Ulrich
Umschlagfoto: © Jascha – stock.adobe.com
Redaktion: Nicola Offermanns, Veronika Licher
Printed in Germany
Druck und Bindung: CPI books GmbH, Leck

MIX
Papier | Fördert gute Waldnutzung
FSC® C083411
www.fsc.org

CPI klimaneutral
Mehr Bäume. Weniger CO_2

Erste Auflage, 2023
ISBN 978-3-8497-0451-3 (Printversion)
ISBN 978-3-8497-8403-4 (ePUB)

Bibliografische Information der Deutschen Nationalbibliothek:
Die Deutsche Nationalbibliothek verzeichnet diese Publikation in der Deutschen Nationalbibliografie; detaillierte bibliografische Daten sind im Internet über http://dnb.d-nb.de abrufbar.

Informationen zu unserem gesamten Programm, unseren Autoren und zum Verlag finden Sie unter: **www.carl-auer.de**.
Dort können Sie auch unseren Newsletter abonnieren.

Carl-Auer Verlag GmbH
Vangerowstraße 14 · 69115 Heidelberg
Tel. +49 6221 6438-0 · Fax +49 6221 6438-22
info@carl-auer.de

INHALT

1 ZUR EINSTIMMUNG: SELBST-BEWUSST LEICHT LEBEN

Endlich eine tiefe innere Ruhe finden! Mit einem Lächeln aufwachen und sich auf den Tag freuen. In diesem Buch erfahren Sie, wie Sie diesem Ziel näherkommen.

Denken Sie auch immer wieder über Ihre Fehler nach? Suchen Sie nach den Gründen Ihres Scheiterns, ohne dass es Sie weiterbringt? Kein Wunder, denn so aktivieren und vertiefen Sie unter Umständen nur alte Verletzungen und Stressmuster. Reines Nachdenken reicht eben oft nicht aus. Starten Sie lieber neu durch! Geben Sie Ihrem Leben eine neue, angenehmere Richtung und wechseln Sie Ihre Strategie! Suchen Sie nicht nach Fehlern, finden Sie eher Lösungen!

Dabei ist es wichtig, stets bei sich selbst zu bleiben, statt den Blick auf die anderen zu richten. Was andere über Sie denken, darum brauchen Sie sich nicht zu kümmern. (Ganz nebenbei: Die Meinung anderer über Sie ist oft viel besser, als Sie vermuten.) Für Ihr eigenes Wohlergehen ist nur wichtig, was *Sie* über sich denken, wie *Sie* sich fühlen, wie *Sie* mit einer bestimmten Situation umgehen. Kurz gesagt: Sie kreieren es selbst, wie Sie sich fühlen wollen – unabhängig von der äußeren Situation. Die ist nur eine starke Einladung, sich in ein inneres Wohlgefühl zu begeben – oder auch nicht. Das Gefühl kreieren aber Sie allein, denn es sind *Ihre* Gefühle, nicht die der anderen, und die können die anderen nicht in Ihnen erzeugen, sondern nur Sie selbst.

Dies gilt natürlich auch für Symptome. So entsteht zum Beispiel Angst nicht durch einen Inhalt, sondern durch die Beziehung, die Sie zu diesem Inhalt haben – also, wie Sie ihn bewerten und einschätzen. Angst kann deshalb entweder eine spannende Herausforderung sein, ein Kitzel, für den viele Menschen sogar Geld bezahlen (Bungee-Jumping, Fallschirmspringen), oder etwas, das Sie als wenig hilfreich für die eigene Person bewerten und am liebsten so schnell wie möglich beseitigen würden.

Auf die Sonnenseite des Lebens gehen

Indem Sie konstruktiv denken und Ihre ganze Vorstellungskraft auf neue, gesunde Lösungen einstimmen, entstehen neue Muster, neue »Bahnen des Denkens« im Gehirn und ein angenehmes Wohlgefühl.

Früher ist man davon ausgegangen, dass das Gehirn irgendwann einmal im Erwachsenenalter fertig entwickelt ist, doch in Wahrheit verändert es sich, solange wir leben. Es passt sich stetig an, und wenn wir lernen, wenn wir anders denken, entstehen tatsächlich anatomisch fassbare Veränderungen im Gehirn. So ist zum Beispiel bekannt, dass Kinder, die Klavier spielen gelernt haben, um ein Vielfaches schneller Schreibmaschine schreiben lernen als ihre Mitschüler.

Warum ist das so?

Wenn Sie Klavier spielen lernen, entstehen neue Bahnen und Verknüpfungen im Gehirn. Diese neuen Strukturen stehen nun beim Schreibmaschineschreiben – bei dem eine ähnliche Koordination von Auge, Hand und Denken erforderlich ist – schon zur Verfügung. Sie müssen diese also nicht erst mühsam aufbauen, sondern benutzen einfach die bereits vorhandene »Datenautobahn«, um etwas Neues zu transportieren.

Vernetztes Denken

Unser Gehirn denkt nicht geradlinig, sondern vernetzt. Das ist meistens von großem Vorteil, weil der Zusammenhang von zueinander gehörigen Inhalten gemeinsam erinnert wird und sich dadurch schnell herstellen lässt. Positive

Erinnerungen rufen also weitere positive Bilder hervor, negative Erinnerungen aber auch weitere Misserfolge und Verletzungen. So verwundert es nicht, dass man sich regelrecht in einen Misserfolg »hineinstrudeln« lassen kann, etwa vor einer Prüfung, bei der man nur an das denkt, was man alles nicht kann, und ganz vergisst, was man auf der Habenseite besitzt. In gewisser Weise ist man also tatsächlich »seines Glückes Schmied«. Und natürlich können Sie diese Tatsache für sich nutzen! Indem Sie über gute Bilder all Ihre Fähigkeiten und Ressourcen aktivieren.

So, wie Sie sich selbst herunterziehen können, ist es Ihnen natürlich ebenfalls möglich, sich durch die Aktivierung all Ihrer guten inneren Bilder, Erinnerungen und Fähigkeiten aus einem Tief herauszuziehen und noch über sich hinauszuwachsen. Und denken Sie dabei auch an Ihren Körper: Sie sind nicht nur Seele und Verstand, sondern wohnen in einem Körper. Dort werden alle Ihre Erfahrungen abgebildet und gespeichert – auch die weniger angenehmen.

Vielleicht kennen Sie ja diese Situation selbst: Eine Prüfung liegt vor Ihnen, und Sie haben Nackenschmerzen oder der Magen tut Ihnen weh. Warum? Weil jede innere Anspannung auch einen körperlichen Widerhall findet. Oder Sie haben einen geliebten Menschen verloren beziehungsweise ein Trauma erlitten und danach vielleicht sogar dauerhafte körperliche oder seelische Beschwerden entwickelt. Auch das geschieht, weil seelische Vorgänge körperliche Spuren hinterlassen können.

Kommt es gar zu einem schwereren, traumatischen Ereignis, kann es sein, dass Sie es auch weit über das Ereignis hinaus in Ihrem Körper abspeichern. Sie fühlen sich dann vielleicht gefangen, wie gefroren und erstarrt – auch wenn viel Zeit vergangen ist. Doch die gute Nachricht ist, dass Sie aus diesem Zustand wieder herausfinden können. Genaueres finden Sie im Abschnitt »Der Körper als Speicher der Erinnerung« ab S. 54.

Bei gravierenden seelischen Traumata ist es auf alle Fälle hilfreich, fachkundige, therapeutische Hilfe aufzusuchen. Doch glücklicherweise handelt es sich ja nicht immer um ein schweres traumatisches Ereignis, manchmal fehlt einfach die Lebensfreude. Vielleicht gibt es auch nur etwas, das man gerne neu einordnen oder leichter nehmen würde. Dann reichen oft schon wenige Veränderungen im Sprechen und Denken und die liebevolle Zuwendung zum Körper, um wieder auf die Sonnenseite des Lebens zu gelangen und neuen Schwung zu bekommen.

Indem Sie eine andere Grundhaltung einnehmen, verändern Sie Ihre Sicht auf die (Um-)Welt. Wie bei einem Echo kommt dann häufig eine positivere Rückmeldung zu Ihnen zurück, und der Prozess verstärkt sich gegenseitig. Dabei ist es sinnvoll, sich nicht in die tiefsten Abgründe der Seele zu begeben und traumatische Dinge wieder und wieder exzessiv durchzuarbeiten. Denn so aktivieren und vertiefen Sie das, was Sie ja eigentlich loswerden wollen. Konzentrieren Sie sich lieber unverzüglich auf die Lösungen! »Hilfreiche Gedanken« ziehen weitere hilfreiche Bilder nach sich, und plötzlich fallen Ihnen Lösungen ein, an die Sie bisher nicht im Entferntesten gedacht haben. (Bei meinen Patienten habe ich dies immer und immer wieder so erlebt.) Denn auch, wenn Ihnen das im Augenblick vielleicht nicht zugänglich ist: In Ihrem Unbewussten, Ihrem Inneren sind längst vielfältige hilfreiche Bilder, Erinnerungen und Ressourcen vorhanden. Diesen Schatz, der die ganze Zeit schon in Ihrem Inneren verborgen war, können Sie am besten in einem leichten Trancezustand entfalten, wie kurz vor dem Einschlafen, und nutzen ihn dann in optimaler Weise, um sich und Ihr Leben neu zu gestalten.

Das ist ganz einfach, denn sicher haben Sie, wahrscheinlich ohne sich dessen wirklich bewusst zu sein, schon viele Male einen leichten Trancezustand erlebt: etwa bei einem spannenden Film, bei dem Sie die Welt um sich herum vergessen haben, wenn Sie am frühen Morgen joggen gehen oder früher als Kind, wenn Sie im Spiel versunken waren. Schließen Sie Ihre Augen und sagen Sie sich ganz bewusst: »Ich nehme mir jetzt ein paar Minuten für mich, um nachher umso frischer in meinen Alltag zurückzukehren« – und was gestern, heute Früh oder gerade eben noch wichtig war, rückt nach und nach in die Ferne wie Wolken am Himmel, die weiterziehen und immer kleiner und kleiner werden, bis sie nur noch winzige Pünktchen sind und ein strahlend blauer Himmel zurückbleibt.

Bleiben Sie dabei locker, entspannt und neugierig auf das, was kommt. Alles, was geschieht oder auch nicht geschieht, ist willkommen und dient zu Ihrem Besten! Ihr Unbewusstes weiß genau, was Sie brauchen! (Eine ausführliche Anleitung finden Sie im Abschnitt »Wie geht das nun mit der Selbsthypnose?«, S. 74, beschrieben.)

Dieses Vorgehen ist viel wirksamer als simples »positives Denken«. Damit reden Sie sich oft nur ein, dass ab heute alles gut wird, ohne dass dem wirklich so wäre. Doch tief im Inneren spüren Sie, dass das nicht wahr ist. Wenn Sie jedoch Ihre tatsächlich erlebten, eigenen hilfreichen Bilder und Erlebnisse verwenden, bleiben Sie wahrhaftig, und Ihr Unbewusstes kann dieses Neue annehmen. Nach und nach entwickeln Sie so immer neue, gesundere Sichtweisen. Sie betrachten die Dinge aus einer kraftvolleren, veränderten Perspektive, bekommen immer mehr ermutigendes Feedback (wobei das aus dem eigenen Inneren das wichtigste ist) und gewinnen so Ruhe und Sicherheit. Und die besonders gute Nachricht ist: Diese Fähigkeit der Veränderung ist bis ins hohe Alter vorhanden. Durch die neuronale Plastizität des Gehirns ist und bleibt es Ihr ganzes Leben lang bereit, Neues zu lernen, sich zu verändern und optimal anzupassen.

Doch wie ist es möglich, dauerhaft etwas zu verändern, weswegen Sie vielleicht schon viele Jahre nicht mehr glücklich waren? Leider heilt die Zeit allein ja keine Wunden, auch wenn das immer behauptet wird. Manchmal sind – selbst wenn ein traumatisches Ereignis Jahrzehnte zurückliegt – die Bilder und Eindrücke noch so präsent, als sei der Vorfall erst gestern geschehen. Ohne hilfreiche Techniken ist es dann nicht so einfach, dem Leben eine gesunde Richtung zu geben und wieder optimistisch in die Zukunft zu blicken. Was also kann helfen?

Das Geheimnis liegt in der erwähnten neuronalen Plastizität dieses einzigartigen Wunderwerkes Gehirn. Neuronale Plastizität meint die Eigenschaft von Synapsen, Nervenzellen oder auch ganzen Hirnarealen, sich in ihren Eigenschaften zu verändern, wenn sie neu und anders verwendet werden. Hierbei nutzen Sie all die guten Bilder und Erinnerungen, die Sie im Verlauf Ihres Lebens gesammelt haben, und auch alle Ressourcen, über die Sie verfügen, um durch die Kraft dieser Bilder noch weitere hilfreiche Bilder zu entdecken, Spannungen aufzulösen, sich neu zu strukturieren und Geist und Körper wieder in Balance zu bringen. Wenn Sie ganz tief in diese kraftvollen Bilder eintauchen und sie sich mit allen Sinnen vorstellen, beruhigen sich Körper und Geist, und das, was Ihnen vorher noch als riesengroßes Problem erschien, rückt in den Hintergrund. Glücklicherweise verfügt fast jeder Mensch über viel mehr an Ressourcen, als ihm bewusst ist.

Werden Sie sich all Ihrer Ressourcen bewusst!

Hat man erst einmal ein hilfreiches Bild gefunden, kommen wie Sterne am Himmel in einer klaren Nacht immer mehr hinzu. Am besten benutzen Sie dann einfach die stärkste Ressource, die am deutlichsten positiv belegt ist.

Manchmal nämlich gibt es »Mischerinnerungen«, die auch nicht so förderliche Dinge aktivieren. Die gewählte Ressource, in die Sie sich vertiefen möchten, sollte deshalb nach Möglichkeit ausschließlich hilfreich sein. Doch was ist das überhaupt: eine Ressource?

Eine Ressource ist von der Wortbedeutung her zunächst nichts anderes als eine Quelle. Psychologisch betrachtet ist dies Ihr gesunder, starker Anteil, Ihr Potenzial: Ihre Fähigkeiten und Kenntnisse, Neigungen, Talente und Stärken, aber auch tragende Erinnerungen und Bilder von Situationen, in denen Sie Aufgaben gut bewältigt und Lösungen gefunden haben. Viele Menschen sind sich ihrer Ressourcen jedoch gar nicht bewusst. Dabei kann eigentlich fast alles eine Ressource sein – selbst Erfahrungen und Erlebnisse, die auf den ersten Blick weniger förderlich erscheinen. Das kann zum Beispiel eine Erfahrung sein, in der Sie einer Forderung ein kraftvolles »Nein« entgegengesetzt oder sich erfolgreich gewehrt haben. Das »Nein« – ein scheinbar ablehnendes, negativ besetztes Wort – kann durchaus für Willensstärke, Selbstbewusstsein, Sichbehaupten und Für-sich-Eintreten stehen. In diesem Fall wird es also zur Ressource. Oder nehmen Sie einen wirksamen Vorsatz wie: »Jeder Stress vertieft die Ruhe.«

Eigentlich ist es ja nicht so günstig, »Stresswörter« wie Angst, Panik oder gar Versagen zu benutzen, weil sie leicht Assoziationen hervorrufen können, die für Sie nicht förderlich sind. Aber hier verwandeln Sie das Wort »Stress« in einen Motor für etwas Gutes und in ein Startsignal für etwas Hilfreiches, Aufbauendes.

Körperliche Empfindungen, die mit einem solchen Stressmodus einhergehen, verwandeln Sie so in ein hilfreiches Signal, das Sie den Weg in die Entspannung und Lösung finden lässt.

Am besten steuern Sie diese Ressourcen in einer leichten Trance an (siehe S. 74), denn so umgehen Sie die manchmal doch recht kritischen Bewertungen Ihres Ichs bzw. Ihres Großhirns, die für eine freie Entfaltung Ihres Potenzials eher hinderlich sind.

Wenn Sie sich in einer leichten Trance direkt an Ihr Unbewusstes wenden, gelangen Sie – wie im Traum – direkt an die Quelle Ihrer kreativen Möglichkeiten und kommen so der Lösung Ihres Anliegens, Ihrer Wünsche und Aufgaben immer näher. Und wenn Sie dann genau hinsehen, beinhaltet die Herausforderung, vor der Sie stehen, die Fragestellung, was Sie gerne verändern wollen, gewissermaßen schon die Lösung. Wenn Sie sich also angesichts

Glauben Sie an sich und Ihre Fähigkeiten!

einer kommenden Herausforderung besonders inkompetent fühlen, liegt die Lösung darin, einen Zustand zu finden, in dem Sie sich besonders kompetent und leistungsfähig gefühlt haben. Wenn Sie also betrachten, was Sie verändern wollen, dann gewissermaßen das Gegenteil wählen und in diesen Zustand eintauchen, sind Sie der Lösung schon sehr viel näher.

Von der Frage zur Lösung

Damit dies etwas klarer wird, lesen Sie das folgende Beispiel aufmerksam durch. (Eine ausführliche Anleitung dazu, wie Sie ggf. in eine leichte Trance gelangen, finden Sie auf S. 74, falls Sie sich da noch unsicher fühlen.)

Herausforderung:

Sie möchten vor Publikum eine Rede halten und fühlen sich unwohl, inkompetent und der Situation nicht gewachsen. Sie bekommen Herzklopfen und Schweißausbrüche, obwohl Sie wissen, dass Sie fachlich dazu in der Lage sind.

Lösung:

Beginnen Sie am besten schon einige Tage vorher mit dem Üben: Schließen Sie die Augen und entspannen Sie sich oder gehen Sie in eine leichte Trance. Suchen Sie dann bewusst oder unbewusst nach einer

Situation, in der Sie sich besonders kompetent, stark und sicher gefühlt haben. Tauchen Sie mit allen Sinnen in diese Situation ein. Spüren Sie nach, was Sie dort hören, sehen, riechen, schmecken und fühlen. Erlauben Sie dem Gefühl der glasklaren Kompetenz, sich in Ihrem Inneren auszubreiten wie Tinte in einem Wasserglas, in jede einzelne Zelle hinein.

Mit dieser Erfahrung von Kraft, Ruhe und Stärke gehen Sie in die Zukunft und halten Ihre Rede in diesem Gefühl glasklarer Kompetenz. Sie sehen das Publikum vor sich, hören den Applaus, beantworten souverän die gestellten Fragen, doch vor allem fühlen Sie Stolz und Zufriedenheit. Sie nehmen diesen Erfolg mit in die kommende Situation und wissen: Sie sind dieser voll und ganz gewachsen.

Bevor Sie nun aus der Entspannung/Trance zurückkehren, atmen Sie das Gefühl der Kompetenz noch einmal tief in sich ein und verankern es, indem Sie Daumen und Ringfinger für ein paar Sekunden zusammenpressen. Durch diesen »Körperanker« können Sie dieses Gefühl Ihrer Kompetenz bei Bedarf rasch wieder hervorrufen. Gerne können Sie sich auch zusätzlich noch ein Codewort aussuchen – z. B. »glasklare Kompetenz« – und es zum schnellen Abrufen des gewünschten Zustandes benutzen.

Und denken Sie daran: Je öfter Sie üben, desto leichter wird es Ihnen gelingen.

Sie erzeugen also durch das Vorstellen angenehmer Bilder und Erinnerungen ein ganz intensives, subjektives Wohlbefinden und rufen dann eine erinnerte Situation auf, die genau dem entspricht, wie Sie sich in Zukunft erleben wollen. So schaffen Sie die Möglichkeit, diese und kommende Situationen erfolgreich zu bewältigen und sich gleichzeitig immer mehr zu vertrauen.

Der wichtige Punkt im Vergleich zum reinen positiven Denken ist hier, dass Sie sich nichts einreden, sondern tatsächlich erlebte Situationen benutzen, um den gewünschten Zustand hervorzurufen. Wenn Sie diesen mit allen Sinnen »hochfahren«, scheint die bisher als zu groß erlebte Herausforderung plötzlich kleiner und machbarer zu werden. Anatomisch kann man sich das so erklären, dass Sie die »Stressladung« bestimmter Gehirnstrukturen im sogenannten limbischen System, die für Angst und Furcht zuständig sind, herunterfahren. Diese Strukturen sind nach einem Trauma oder einem belastenden zurückliegenden Ereignis in der Vergangenheit nämlich überaus aktiv. Doch wenn Sie üben und somit lernen, »runterzufahren«, wird durch die intensive Entspannung auch die ständige Ausschüttung von Stresshormonen, wie zum Beispiel dem Cortisol, vermindert.

Dabei ist es wichtig, immer auf die Körpersignale zu achten! Für das Überleben waren diese nämlich stets wichtiger als Botschaften aus dem Kopf. Ohne Körper kein Überleben! Wenn die Körperbotschaften (Herzschlag, Atemfrequenz, Schweißausbrüche usw.) Gefahr signalisieren, können Sie durch alleinigen Vorsatz oder gute Botschaften des Geistes kaum dagegen ankommen.

Wenn Sie jedoch Atmung und Herzschlag beruhigen können, der Körper sich also entspannt, »glaubt« Ihr Kopf auch die guten Botschaften und Suggestionen, weil sie nun mit dem Körper in Einklang stehen. Es ist daher immens wichtig, stets den Körper miteinzubeziehen. Indem Sie also all Ihre Ressourcen nutzen und durch positive Vorstellungen sowie die später geschilderten Techniken lernen, Ihren Körper und Geist zu beruhigen, erzielen Sie sowohl eine Sofortwirkung als auch und einen Langzeiteffekt.

Körper und Geist arbeiten Hand in Hand als erfolgreiches Team.

Soforteffekt

Dadurch, dass Sie sich körperlich wieder ausbalancieren, schütten Sie weniger Stresshormone aus. Indem Ihr Geist nun vor allem eine körperliche Beruhigung, ein langsames Atmen und einen sich beruhigenden Herzschlag wahrnimmt, kommt es zur psychischen Stabilisierung. Dadurch beruhigen sich auch die Körpersensationen immer mehr, und Ihr Geist wird ruhiger und zuversichtlicher. Eine Aufwärtsspirale wird in Gang gesetzt!

Sie erleben also beim Üben, wie Körper und Geist unmittelbar zur Ruhe kommen. Je besser es Ihrem Körper geht, desto ruhiger werden auch Sie als Person!

Langzeiteffekt

Durch den andauernden Alarmzustand, in dem sich Ihr Körper bei Stress befindet, kann es mit der Zeit zu bleibenden körperlichen Veränderungen kommen, wenn Sie nicht rechtzeitig gegensteuern.

Aber durch tägliche Übungen zur Ausbalancierung erreichen Sie auch einen wunderbaren *Langzeiteffekt*: Sie senken Ihren Stresslevel und schaffen sich so dauerhaft einen großen Puffer, bevor Sie die Schwelle erreichen, bei der Ihr Körper wieder mit Symptomen reagiert.

Sie lösen Ihren Stress auf zweierlei Arten: Durch eine neue Art zu denken, zu fühlen und zu erleben, erzeugen Sie neue neuronale Netze im Gehirn. Diese wiederum aktivieren weitere hilfreiche Erlebnisse und Erinnerungen.

Die Strukturen im (Groß-)Hirn, die der Bewältigung von Situationen dienen, werden bei heftigen Emotionen wie Angst oder Panik vom limbischen System oft blockiert (das nennt man dann einen Blackout). Diese schalten Sie nun in einem entspannten, ruhigen Zustand, den Sie auch in die Zukunft transferieren können, wieder frei. Inhalte werden neu strukturiert und – jetzt ohne die hohe emotionale Aufladung – bleibend im Gedächtnis abgespeichert.

Doch nicht nur im Gehirn, im ganzen Körper bewirken Sie angenehme, heilsame Veränderungen. Ihr Körper produziert weniger Stresshormone, und Sie fühlen sich wohler und entspannter.

Oxytocin, das sogenannte Bindungshormon, verstärkt diese Wirkung noch. Wenn Sie sich in der Gegenwart eines anderen Menschen wohl und geborgen fühlen, wenn Sie etwas betrachten, das Sie lieben (Ihren Partner[1], Ihr Baby, Ihren Hund), schütten Sie dieses so wichtige »interaktive« Hormon aus. Es verbessert unter anderem die Wundheilung, senkt den Blutdruck, hilft sogar beim Abnehmen und schützt vor weiterem Stress.

Interessanterweise schüttet nicht nur der Mensch, sondern auch der Hund das Hormon aus, wenn er mit »seinem Menschen« Augenkontakt aufnimmt oder umgekehrt. Sie tun also nicht nur sich, sondern auch Ihren Liebsten etwas Gutes, wenn Sie sich wieder einmal tief in die Augen sehen. Es ist von daher auf alle Fälle empfehlenswert, mit seinem Partner/Kind/Hund ausgiebig zu kuscheln und/oder einfach in Liebe an diese Menschen oder Tiere zu denken.

Mit diesem neuen, ressourcengestützten Denken – in Kombination mit leichten Tranceübungen – entwickeln Sie Ihre Persönlichkeit, meistern Aufgaben leichter, gestalten Ihre Beziehungen zu Ihrem Partner und Freunden

1 In diesem Buch benutze ich zum besseren Leseverständnis die männliche Form, also »der Leser«, »die Therapeuten« und so weiter. Doch damit möchte ich natürlich dennoch *alle* Menschen ansprechen, unabhängig von ihrer Geschlechtszugehörigkeit, denn wir *alle* streben ja nach einer guten Lebensqualität und einem erfüllten Leben. Dazu beizutragen ist mein Anliegen mit diesem Buch.

neu, sorgen für mehr körperliches Wohlbefinden und Gesundheit oder sogar für hilfreiche Veränderungen an Ihrem Arbeitsplatz. Dadurch können Sie und andere sich wieder wohler fühlen. Gleichzeitig können Sie sich von alten, nicht mehr passenden Mustern oder auch Beziehungen, die nicht mehr stimmig und förderlich für Sie sind, lösen und diese freigeben. So geben Sie Ihrem Leben eine Wendung zum Positiven hin, unterstützen sich bei seelischen oder körperlichen Erkrankungen (wie z. B. posttraumatischen Belastungsstörungen, Depressionen, Ängsten und Phobien) und verbessern oder heilen zahlreiche psychosomatische Erkrankungen (wie Neurodermitis, Allergien oder das Reizdarmsyndrom).

In folgenden Bereichen können Sie mit der neuen Haltung weiterkommen:

- die Persönlichkeit weiter ausbilden
- das Leben sinnvoller gestalten
- neue Harmonie mit sich und dem Körper finden
- neue Ziele setzen
- neuen Schwung in die Partnerschaft bringen
- beruflich einen Perspektivenwechsel vornehmen
- frei werden von Sucht (Rauchen, Alkohol)
- Traumata überwinden.

Bei ausgeprägten psychischen (psychotischen) Erkrankungen fragen Sie jedoch zuvor unbedingt Ihren behandelnden Psychotherapeuten, Arzt oder Psychiater, da selbst eine leichte Trance bei bestimmten Erkrankungen nicht immer hilfreich ist. In solchen Fällen begeben Sie sich besser in die Hand eines versierten Psychotherapeuten.

Für die meisten Menschen ist es jedoch möglich, eine Besserung zu erreichen, ohne sich in vergangene traumatische Prozesse zu vertiefen. Es geht nicht um das, was war, nicht um die Vergangenheit, sondern darum, wie Sie sich stattdessen lieber fühlen würden, was hilfreicher und angenehmer für Sie ist.

Vielleicht sind Sie es gewohnt, das, was Sie verändern wollen, immer und immer wieder durchzugehen – in Gedanken, mit anderen Menschen, mit einem Psychotherapeuten? Dies hat eine lange Tradition. Doch jedes Mal, wenn Sie über ein Trauma oder belastende Inhalte/Erinnerungen intensiv sprechen, aktivieren Sie auch Strukturen im limbischen System, die Sie mit Angst, Wut und Stress überschwemmen sowie die verarbeitenden, integrierenden Gehirnstrukturen lähmen.

Ungewollt rufen Sie auf diese Weise belastende Bilder und Erinnerungen hervor, und wie bei einer Lawine werden weitere ungesunde Bilder davon aktiviert, was in der Vergangenheit an Belastendem passiert ist. Wenn Sie das Trauma und die dazugehörigen Gedanken und Gefühle genau beschreiben und analysieren, vertiefen Sie jedes Mal das Stress-Erleben. So bewirken Sie genau das Gegenteil von dem, was Sie eigentlich erreichen wollen. Daher sind sich heute viele Therapeuten – quer durch alle »Therapieschulen« – einig, dass es gerade bei traumatischen Ereignissen sinnvoll ist, den Klienten möglichst wenig mit dem Trauma zu konfrontieren. Andernfalls droht im schlimmsten Fall das, was man gemeinhin als »Retraumatisierung« bezeichnet.

Und auch bei weniger Belastendem, das Sie lösen, verändern möchten: Warum erst durch ein tiefes, emotionales Tal gehen? Wie viel hilfreicher ist es, wenn Sie gleich den Blick auf die Lösung richten? Besser also *gleich* – ohne lange über das Vergangene nachzugrübeln –, und mit ganzer Kraft nach vorne gehen, hin zur Lösung.

Nehmen Sie sich doch einmal Zeit für sich und denken Sie über die folgenden Fragen nach:

- Was in meinem Leben macht mich glücklich?
- Wann, wo und mit wem kann ich einfach ganz ich selbst sein?
- Wie ist es mit meinem Lebenspartner, meinen Kindern, meinen Eltern und Geschwistern, mit meinen Freunden? Tun sie mir gut?
- Bin ich in meinem Beruf glücklich? Wie sieht es mit den Arbeitskollegen aus?
- Womit beschäftige ich mich? Welche Filme, Bücher, Hobbys oder Musikstücke machen mich fröhlich?
- Ist mein Umfeld, meine Wohnung so, wie ich es brauche?
- Was wünsche ich mir für die Zukunft? Wo sehe ich mich in einem, fünf, zehn oder mehr Jahren?

Notieren Sie Ihre Einfälle und richten Sie Ihre Aufmerksamkeit auf das, was heute schon erfreulich ist, aber auch auf das, was Sie noch verbessern möchten.

So gelingen Veränderungen oft schon in nur wenigen Schritten. Doch bleiben Sie geduldig und nachsichtig mit sich, denn bei schon lange bestehenden oder Ihnen nahegehenden Anliegen brauchen Sie vielleicht einfach ein wenig mehr Zeit, als Sie gedacht haben. Das sind Sie sich doch schließlich wert! Ein Schritt nach dem anderen! Klären Sie *heute* zunächst, was Sie *heute* verändern möchten!

Ihre neue »innere Einstellung« hilft Ihnen bei der Umsetzung und Umgestaltung. Haben Sie Geduld, wenn es darum geht, Lebensumstände zu verändern, mit denen Sie sich gar nicht wohlfühlen. Diese anzugehen, braucht in jedem Fall Zeit. Dennoch ist es möglich, schon jetzt dafür zu sorgen, dass es Ihnen selbst wesentlich besser geht.

Doch wie geht das, sich neu ein- bzw. ausrichten?

Ganz einfach: Sie verändern die Art und Weise, wie Sie denken, fühlen, handeln und erleben. Das Einzige, was Sie nämlich wirklich und tatsächlich zuverlässig verändern können, sind Sie selbst. Obwohl das so einfach klingt, ist es dem, was die meisten Menschen versuchen (und wobei sie scheitern), genau entgegengesetzt.

Haben Sie bisher versucht, auf die anderen, die äußeren Umstände Einfluss zu nehmen, statt Ihre Haltung zu ändern? Waren Sie damit besonders erfolgreich? Warum probieren Sie es dann also nicht einmal andersherum? Dabei nutzen Sie das, was Sie verändern möchten, als Sprungbrett hin zu dem, wie es für Sie tatsächlich passender wäre.

Beispiele:

sich einsam fühlen —verwandeln Sie in→ sich »gemeinsam« fühlen, mit der Welt verbunden

sich falsch fühlen —verwandeln Sie in→ sich stimmig fühlen

Sie haben es also – mehr, als Sie es bisher für möglich gehalten haben – selbst in der Hand, welche innere Grundhaltung Sie künftig einnehmen wollen. Und das Gute ist: Sie gewinnen damit Ihre Selbstbestimmung zurück – unabhängig davon, was die anderen tun, ob Sie von diesen abgelehnt oder akzeptiert werden, ob Sie Ihre Ziele schon erreicht haben oder noch auf dem Weg dorthin sind.

Schließen Sie sich mit anderen Menschen zusammen und fühlen Sie sich mit ihnen und der Welt verbunden, gerade angesichts von aktuellen Unsicherheiten!

Stellen Sie sich noch einmal anhand der Fragen von oben Ihre Ziele vor und entwickeln Sie Lösungen dazu. Diese angenehmen Lösungen und Vorstellungen verbinden Sie mit passenden Situationen, in denen Sie sich schon einmal so gelöst erlebt haben. Vertiefen Sie diese Bilder mit allen Sinnen in einer leichten Trance, und nehmen Sie diese tief in sich auf. So aktivieren Sie Ihre hilfreichen Netzwerke. Wie das jetzt im Einzelnen funktioniert, erfahren Sie im praktischen Teil dieses Buches.

Gehen Sie mit der Kraft innerer Bilder, Gefühle und Erlebnisse auf die Sonnenseite des Lebens!

Alles eine Frage der An-Sicht und Ein-Sicht?

Stellen Sie sich ganz konkret vor, wie Sie sich fühlen, wenn Sie – von allem Ballast befreit – auf die »Sonnenseite« Ihres Innenlebens wechseln. Wie optimistisch, wie erleichtert Sie sind! Was empfinden Sie? Wie fühlen Sie sich? Wie anders denken und handeln Sie? Wie geht es Ihrem Körper? Welche Haltung nehmen Sie ein? Wie bewegen Sie sich im Raum?

Allein, indem Sie sich all dies vorstellen, aktivieren Sie bereits Ihre positiven Netzwerke im Gehirn! Und Sie bewegen sich wie von selbst in Richtung Lösung.

Wie Sie konkret dabei vorgehen, erfahren Sie im praktischen Teil des Buches. Die folgende Zusammenstellung soll Ihnen schon einmal eine erste Vorstellung davon geben.

Halten Sie für einen Moment inne und stellen Sie sich folgende Fragen:

- Wie möchte ich ab heute
  - … leben?
  - … denken?
  - … fühlen?
  - … handeln?
- Wie möchte ich mich in meinen Körper erleben?
- Wann habe ich mich in meinem Leben schon einmal so gefühlt?
- Stellen Sie sich diese Situationen nun ganz genau vor!
- Intensivieren Sie diese Vorstellung mit allen Sinnen!

- Verankern Sie diese wie oben beschrieben, indem Sie Daumen und Ringfinger für ein paar Sekunden zusammenpressen, und benutzen Sie gerne auch noch ein Codewort, um den gewünschten inneren Zustand zu aktivieren.

In welcher (Innen-)Welt wollen Sie leben? Wie wollen Sie sein?

Das Gute ist: Diese Wahl ist vollkommen unabhängig von der Außenwelt. Denn letztlich gibt es nur die eigene individuelle Wirklichkeit. Ihre Erfahrungen, Ihre Anschauungen und Haltungen, Ihre Erwartungen an Gegenwart und Zukunft – und nicht zuletzt Ihre Wortwahl – erschaffen Ihre Realität. Sie haben also tatsächlich, was Ihre innere Befindlichkeit betrifft, viel mehr in der Hand, als Sie bisher geglaubt haben. Das bringt Verantwortung mit sich – aber auch Chancen!

Ein Beispiel:

Wenn Sie bei einer Bewerbung um einen Job abgelehnt werden, haben Sie verschiedene Möglichkeiten, das Ereignis zu bewerten.

- Sie trauern und haben schlechte Laune. Sie werten sich ab, dass Sie es wieder mal nicht gebracht haben und sowieso ein Versager sind. Mit dem Glauben über sich selbst, dass Sie nicht gut genug sind, deprimieren Sie sich immer mehr und versagen vermutlich beim nächsten Bewerbungsgespräch.
- Sie sehen das als Chance, dass noch etwas Besseres auf Sie warten könnte. Dies dient Ihnen als Anreiz, sich noch weiter zu qualifizieren oder sich auf Stellen zu bewerben, an die Sie sich bisher noch nicht herangewagt haben.

Sie bestimmen also, ob Sie sich als Versager erleben oder als Gewinner, auf den noch viel Neues, Spannendes wartet. So aktivieren Sie ganz unterschiedliche Netzwerke im Gehirn und damit Gefühle in sich und stellen allein dadurch bereits zielführende Weichen für Ihre Zukunft!

Durch konstruktive Gedanken, angenehme Gefühle und intensiv erlebte Ressourcen rufen Sie im Gedächtnis weitere ähnlich positive Assoziationen ab und erzeugen in sich Gefühle eines immer größeren Wohlbefindens. Lassen Sie sich Zeit, überholte Muster zu verändern, gehen Sie das alles ganz entspannt an. Ein lang bestehendes Verhaltensmuster ist manchmal ganz schön »anhänglich«, denn es hat einen ja auch durch viele Krisen getragen – selbst wenn es nicht immer eine optimale Lösung für Sie war.

Doch es ist wichtig, dass Sie erkennen, wie sehr Sie es selbst in der Hand haben, wie viel mehr Sie selbst Ihr Wohlbefinden steuern und beeinflussen können, indem Sie diesen neuen Weg einschlagen. Das gilt gleichermaßen für den Umgang mit Ihren Mitmenschen. Wenn Sie an sich glauben, sich wertschätzen und den anderen wohlwollender, ausbalancierter und mit einem Lächeln begegnen, bekommen Sie auch eine freundliche Reaktion zurück: ein Lachen, ein Kompliment, Hilfe und Unterstützung. Sie gehen damit in gegenseitige Resonanz und starten eine Aufwärtsspirale. Und plötzlich scheint sich die Welt verändert zu haben, und Sie sind wirklich auf der Sonnenseite angekommen.

Verändern Sie Ihren Fokus!

Versuchen Sie manchmal, in den Gesichtern anderer Menschen zu lesen und zu erkennen, was diese über Sie denken? Möchten Sie herausfinden, ob und wie Sie bei anderen ankommen? Ob Sie gemocht werden oder nicht?

Viele Menschen denken so. Sie sind, in dem gut gemeinten Versuch, sich selbst zu schützen, die ganze Zeit über nach außen hin orientiert. Doch da es nicht möglich ist, die eigene Aufmerksamkeit gleichzeitig in zwei Richtungen zu lenken, verlieren sie dabei sich selbst aus den Augen. Achten Sie lieber auf die eigenen Bedürfnisse! Balancieren Sie sich innerlich aus, sonst sind Sie nicht mit sich selbst im Kontakt, sondern geraten im wahrsten Sinne des Wortes »außer sich«. Stress wird letztlich nicht von außen erzeugt, sondern von innen: Sie erzeugen ihn in sich, durch Ihre eigene Bewertung, Ihre Haltung zu einer bestimmten Situation.

Natürlich gibt es bestimmte Konstellationen, die eine große Einladung mit sich bringen, »sich zu stressen«, doch letztlich bestimmen Sie, ob Sie diese Einladung annehmen oder nicht. Und ja, Sie werden sagen, das ist alles nicht so einfach, und vermutlich haben Sie da recht. Aber wenn Sie das Prinzip mehr und mehr verinnerlichen und immer wieder einüben, fällt es Ihnen mit der Zeit zunehmend leichter, trotz einer »Stresseinladung von außen« ganz bei sich zu bleiben.

Schon jetzt – in diesem Moment - können Sie etwas für sich tun: Wenden Sie sich *jetzt*, genau in diesem Augenblick, nicht der Außenwelt, sondern Ihrem inneren Erleben zu. Achten Sie darauf, was *Sie* gerade *jetzt*, zu diesem

Zeitpunkt, wirklich brauchen, und Sie verändern Ihren Stress sofort. Das tun Sie ab heute so oft wie möglich!

Vom Es zum Ich

Die Tatsache, dass Sie so viel selbst steuern können, kann den einen oder anderen zum Nachdenken bringen. Denn:

Wenn nicht die Außenwelt, die anderen »schuld sind« an meinem Stress, dann bin *ich also selbst schuld*?

Sehen Sie sich lieber als verantwortungsbewussten Steuermann, der das Ruder fest in der Hand hält. Wenn Sie sich also selbst stressen und die Außenwelt nur Anlass bzw. Auslöser ist, dann können Sie ab nun selbstbestimmt entscheiden, wie Sie sich fühlen wollen. Sie gehen »hoch wie eine Rakete« oder aber bleiben gelassen und ruhig. *Sie* ärgern sich. *Sie* regen sich auf. *»Es«* stößt Ihnen nicht zu, sondern *Sie* stoßen sich daran! Und Ihr Körper reagiert darauf mit Stresshormonen. Warum also nicht liebevoller mit sich selbst umgehen? Gerade, wenn es einmal nicht so gut läuft?

Sie bestimmen, worauf Sie Ihren Fokus richten wollen. Wenn Sie mehr bei sich bleiben, bei dem, was *Sie* brauchen, stabilisieren Sie sich und gewinnen so Ihre Handlungsvollmacht zurück. Verwenden Sie Ihre Worte also präzise.

> *Richten Sie Ihren Fokus nicht auf die Außenstressoren, bleiben Sie lieber bei sich selbst!*

Das gilt auch für das Wörtchen »man«. Wenn Sie etwas Allgemeingültiges sagen wollen, das für alle Menschen generell gilt, dann benutzen die meisten Menschen gern die Wörtchen *»man«* und *»es«*. Wenn Sie jedoch von sich sprechen wollen oder von konkreten anderen, seien Sie lieber klar, direkt und deutlich: indem Sie mit *»ich«* von sich selbst sprechen und die anderen direkt mit *»du«* bzw. *»Sie«* anreden! Manchmal brauchen Sie dazu nur etwas Mut und Aufmerksamkeit.

Ersetzen Sie also *»man / es / die anderen«* einfach durch *»ich«* und *»Sie«* oder *»du«*.

Beispiel:

Achten Sie einmal darauf, was in Ihrem Inneren ausgelöst wird, wenn Sie sagen:

- »*Man* sollte hier mal wieder aufräumen ...«

oder:

- »*Ich* möchte diesen Raum jetzt aufräumen, damit *ich* mich wieder wohlfühlen kann.«
- »*Ich* möchte, dass *du* diesen Raum aufräumst, damit *ich* mich wieder wohlfühlen kann.«

Vom Außen zum Innen

Betrachten Sie die sogenannten »Außenstressoren« doch einmal genauer, all diese unschönen Dinge, die da scheinbar von außen

- stören → an denen *Sie* sich stören
- Ihnen das Leben schwer machen → mit denen *Sie* sich be-schweren
- kommen und Sie bis in den Schlaf verfolgen → die *Sie* selbst noch im Schlaf verfolgen.

Kommt Ihnen das bekannt vor? Und sagen Sie auch manchmal: »Diese und jene Situation (oder Person) stresst mich«, »*Das, der, die, es* regt mich auf, ärgert mich ... *Das/es* kann so nicht weitergehen«? Tatsächlich nehmen Sie diese Außenreize lediglich zum Anlass, um sich selbst zu stressen. Das geht so schnell, so automatisch und unbewusst, dass Sie glauben, es käme von außen. Doch wenn Ihnen klar wird, dass *Sie selbst es sind,* der sich – unbewusst und ungewollt – die Stressangebote von außen zu eigen macht, dann sind Sie nicht länger ausgeliefertes Opfer der äußeren Umstände, sondern entscheiden wieder selbst.

Ein Beispiel:

Ein Kollege macht eine abwertende Bemerkung über Ihr Äußeres. Wie re-agieren Sie auf diesen »Außenstressor«? Indem gereizt darauf reagieren – oder reizend? Richtig gehört: *Sie* regen sich auf, *Sie* ärgern sich darüber – oder *Sie* amüsieren sich darüber!

Wie wäre es, wenn Sie da souverän Distanz halten und dem anderen seine Sichtweise lassen würden?

»Aha, so sieht er das ... und so sieht er mich ..., so einer ist er also ...«

Das sagt dann nichts über mich, aber sehr viel über ihn aus, wie er denkt, mich sieht, wie er urteilt, ...

Sie lassen den anderen im doppelten Wortsinn *sein:*

- Akzeptanz: Ich lasse ihn sein (wie er nun mal ist; ich lasse ihm seine Meinung).
- Distanz: Ich lasse ihn sein (im Sinne von: Ich lasse ihn los, ich bin souverän in mir).

Oft ist es ja gar nicht notwendig, zu einer einheitlichen Sichtweise zu kommen, sondern Sie glauben einfach nur, sich verteidigen oder rechtfertigen zu müssen. Richtig?

Egal, was andere Ihnen ins Ohr »zwitschern«: Sie bleiben in liebevoller Aufmerksamkeit bei sich selbst!

Nehmen Sie das Wort »recht–fertigen« einmal wörtlich. Sie fertigen etwas an, das Sie ganz offensichtlich nicht haben. Sich ein »Recht zu fertigen«, im wahrsten Sinne des Wortes, ist nur notwendig, wenn Sie glauben, keines zu haben. Das spürt der andere ebenfalls, was nicht zu Ihrem Vorteil ist!

Bleiben Sie also besser achtsam und bei sich! Trauen Sie *Ihrem* eigenen wertschätzenden Gefühl für sich, Ihrer akzeptierenden Wahrnehmung für sich selbst – und lassen Sie den anderen *sein* mit seiner eigenen Sichtweise.

Prägen Sie sich ein:

> Stress wird von außen nur angeregt und angeboten. Sie sind frei, darauf gelassen zu reagieren oder auch nicht.

Von der Vergangenheit in die Gegenwart

Grübeln Sie manchmal über das Vergangene nach und versuchen Sie zu ergründen, warum alles so gekommen ist? Versuchen Sie, die Fehler, die Ursachen zu finden, aber kommen kein bisschen weiter?

Natürlich ist es gut, einmal über ursächliche Zusammenhänge nachzudenken. Einmal, aber nicht andauernd! Denn wenn Sie Ihr Denken ständig auf vergangene Konflikte ausrichten, aktivieren Sie nur wenig hilfreiche Bilder und Gedanken. Dieses Denken breitet sich wie ein Flächenbrand aus, Sie fühlen sich noch schlechter als zuvor und fixieren das, was Sie eigentlich loswerden wollen.

Hören Sie auf, immer wieder in der Vergangenheit nach den Fehlern zu suchen und sich anzuklagen! Konzentrieren Sie sich lieber auf das Hier und Jetzt – die Gegenwart!

> Erleben geschieht immer hier und jetzt!

Vergangenes ist vergangen und für immer vorbei. So banal, wie das klingt, so wichtig ist es doch, sich das immer wieder klarzumachen. Richten Sie Ihr Denken stattdessen lieber auf gelungene Situationen aus, in denen Sie das, was Sie sich im Grunde wünschen, schon einmal erlebt haben: als Sie sich zum Beispiel schön und attraktiv fühlten, selbstsicher und mit der Welt verbunden. Indem Sie sich darauf konzentrieren, fallen Ihnen plötzlich Aspekte und Lösungswege ein, an die Sie vorher nicht gedacht haben.

Wie kommt das?

Wenn Sie an Ihre Erfolge und gelungenen Situationen denken, aktiviert Ihr Gehirn Ihre damit verbundenen hilfreichen neuronalen Netze. Sie werden erstaunt sein, was Ihnen dann plötzlich alles einfällt – fast so, als ob Sie in Ihrem Kopf einen Schalter umgelegt hätten. Vergangenes wird neu eingeordnet, das Belastende/Befürchtete tritt in den Hintergrund oder löst sich sogar auf, und Sie stellen nützliche, hilfreiche Bilder in den Vordergrund.

Wenn Sie diese neuen Perspektiven dann noch auf die Gegenwart übertragen und in die Zukunft mit hineinnehmen, schaffen Sie die Voraussetzungen für ein erfülltes, glückliches Leben.

Vom Passiv zum Aktiv

Kommt es Ihnen manchmal so vor, als seien Sie allem ausgeliefert, hilflos und ohnmächtig? Haben Sie den Eindruck, Sie seien nicht in der Lage, Ihre Situation zu verbessern? So nehmen Sie unbewusst eine passive Haltung ein und beschränken Ihren Handlungsspielraum.

Förderlicher ist es, Herausforderungen aktiv anzugehen. Allein dadurch, dass Sie sich aus einem quälenden Stillstand befreien, geht es Ihnen mental wieder besser. Selbst wenn sich noch gar nicht viel in der äußeren Realität geändert hat, bewirkt die Tatsache, dass Sie wieder in Bewegung kommen, eine deutliche Besserung Ihres Befindens. Lassen Sie sich überraschen, was Ihnen alles möglich ist, wenn Sie Ihre inneren Einstellungen und Sichtweisen ändern und die Dinge wieder aktiv in die Hand nehmen. Zusammenfassend gesagt ist es also hilfreich, den Blick von außen nach innen zu wenden, weg von der Vergangenheit auf die Gegenwart und Zukunft zu richten und von der passiven Haltung in eine aktive zu wechseln. Betrachten Sie sich nicht als Opfer der Umstände, sondern nehmen Sie sich als aktiv handelnde Person wahr, die ihr Geschick selbst in die Hand nehmen kann.

Warten Sie nicht darauf, dass andere auf Sie zugehen! Gehen Sie auf andere zu, verbinden Sie sich mit ihnen, nehmen Sie teil, zählen Sie sich dazu! Auch im Streit – z. B. mit Ihrem Partner – haben Sie die Option, dennoch mit ihm verbunden zu bleiben, selbst wenn er gerade »sauer« auf Sie ist oder Sie auf ihn. Viele Menschen handeln zu wenig und bleiben stattdessen im Analysieren stecken. Doch durch Nachdenken allein ändern Sie wenig. Wichtiger ist es, aktiv zu werden, die Dinge anzugehen und sich dabei zuzugestehen, dass Sie Fehler machen dürfen. Gerade aus den sogenannten »Fehlentscheidungen« lernen Sie häufig am meisten. Imaginieren Sie Ihre Zukunft und gehen Sie mutig darauf zu!

Natürlich merken Sie den Unterschied von passiver oder aktiver Haltung auch in der Sprache. Spüren Sie den Unterschied, wenn Sie sagen:

- »*Du* hast mich enttäuscht« oder
- »*Ich* bin total enttäuscht von dir …«?

Letzteres kann dann werden zu:

- »*Ich* habe mich in dir getäuscht, doch jetzt sehe ich (dich) klar. *Ich* habe mir etwas von dir versprochen, was du nicht getan und mir gar nicht versprochen hast!«

So kann ich mich »ent-täuschen« und den anderen wieder klar sehen:

Du bist so, wie du bist, und ich bin, wie ich bin.

Es ist also sehr hilfreich, von dem passiven Wunsch »Ich möchte geliebt, respektiert und anerkannt werden« in die aktive Haltung zu wechseln!

Aus

- »Ich möchte geliebt, respektiert und anerkannt werden«

wird aktiv:

- »Ich erkenne mich an, ich respektiere und mag (liebe) mich und die anderen.«

Vom Problem zur Lösung

Wie oben besprochen ist es nicht günstig, »problemorientiert« zu denken, denn dadurch aktivieren wir die weniger günstigen Netzwerke. Viele Menschen tun dies dennoch aus der weitverbreiteten Einstellung heraus, dass sie nur in der Lage sind, ihre Probleme zu ändern, wenn sie diese gründlich analysiert haben, die Ursachen verstehen und die Fehler beseitigen.

Woher kommen die Probleme? Wann sind sie entstanden, wer oder was hat Schuld?

So verständlich der Wunsch und so gut die Absicht ist, Probleme in der Tiefe zu ergründen, leider führt dies allein nicht weiter. Auch wenn Sie verstanden haben, woher das alles kommt und wer oder was vermeintlich schuld daran ist: Dann sind Sie zwar klüger, aber geändert hat sich dadurch allein noch gar nichts.

Richten Sie ab heute lieber den Blick nach vorn, auf das, was Sie verändern, wie Sie anders leben wollen! Denken und sprechen Sie lösungsorientiert!

Ein weiterführender Gedanke stößt den nächsten an, es fallen Ihnen immer mehr hilfreiche Erlebnisse ein, und Sie gewinnen das Vertrauen in Ihre eigenen Fähigkeiten zurück.

Richten Sie Ihr Denken auf Ihre Ressourcen und mögliche Lösungen aus:

- Neue Aspekte und Lösungswege entstehen.
- Positive neuronale Netzwerke werden aktiviert.
- Vergangenes wird neu eingeordnet.
- Negatives tritt in den Hintergrund.
- Stärkende, hilfreiche Erfahrungen gelangen in den Vordergrund.

Werden Sie selbstbewusst und selbstsicher!

Schon allein durch den Gebrauch einer hilfreichen, konstruktiven Sprache können Sie also dazu beitragen, mehr Selbstbewusstsein zu entwickeln. Dadurch werden Sie handlungsfähiger und selbstbestimmter. So gestärkt gehen Sie nun auf direktem Wege daran, Lösungen zu entwickeln.

Umgang mit einem Anliegen oder einer zu lösenden Aufgabe (ehemals »Problem«):

- Vergangenes ist vergangen!
- Gehen Sie gleich auf direktem Weg hin zur Lösung!
- Steigern Sie so Hoffnung, Wohlgefühl und Ihren Selbstwert.
- Entwickeln Sie neue kreative Ideen.
- Aktivieren Sie so weitere Lösungswege und Möglichkeiten.

Erinnern, vertiefen, verstärken und verankern Sie – in tiefer Entspannung (Trance) – schon einmal erlebte Lösungssituationen, in denen Sie sich genau so verhalten haben, wie Sie sich dies für die Gegenwart und Zukunft wünschen, und Sie spüren sofort, wie heilsam und befreiend dies ist.

Nehmen Sie sich und Ihre Bedürfnisse selbst-bewusst wahr!

Achten Sie dabei mehr und mehr auf sich selbst, auf Ihre eigenen Bedürfnisse. Mit der inneren Einstellung »Ich lasse die anderen sein, wie sie sind« wenden Sie sich wieder sich selbst zu und finden Ihren inneren Frieden.

Wie kann ich eine optimale Handlungsfreiheit erreichen?

Goldene Regel:

Ich lasse die anderen sein (im doppelten Sinn):

- Akzeptanz: Ich lasse die anderen sein, wie sie nun einmal sind.
- Loslösen: Ich lasse die anderen los.
- **Ergebnis:** Souveränität und Gelassenheit.

Indem Sie ruhig und gelassen bleiben, re-agieren Sie wieder entspannter und souveräner auf Ihre Mitmenschen – zum Beispiel auf Ihren Partner oder Vorgesetzte. Diese erleben Sie nun souveräner und entspannter, reagieren entsprechend, und so verstärken Sie sich gegenseitig in positiver Art und Weise.

Wenn Sie sich also weniger Gedanken über andere machen und darüber, was diese über Sie denken könnten, und Sie stattdessen auf sich selbst achten, bleiben mehr Zeit und Raum für Dinge, die Sie weiterbringen.

Wenn Sie mit sich im Reinen sind, können Sie freier denken, und es entsteht Raum für neue Ideen. Die positiven Entwicklungen Ihrer Persönlichkeit und Ihrer Beziehungen verstärken und beschleunigen Sie noch, indem Sie konstruktiv denken und sprechen. Sie aktivieren so Ihre positiven Netzwerke im Gehirn, verändern Ihren Blickwinkel auf das Leben und gestalten Ihr ganzes Leben und Ihre Beziehungen neu. Und das Gute ist: Mit der Zeit geht Ihnen das in Fleisch und Blut über, und das konstruktive Sprechen und lösungsorientiertes Denken geschehen wie von allein – ohne dass Sie noch darüber nachdenken müssen.

Den Körper integrieren

All diese wunderbaren Erkenntnisse nützen jedoch wenig, wenn ein ganz wichtiger – vielleicht sogar der wichtigste – Partner außer Acht gelassen wird: Ihr Körper.

Alles, was Sie erleben, auch vergangene Traumata, werden im Körper abgespeichert. Der Körper ist, poetisch gesagt, die Wohnung unserer Seele und beeinflusst in entscheidender Weise, wie Sie sich fühlen – mehr als dies unser Geist je tun könnte. Achten Sie also stets auf Ihre Körperhaltung – wie

Sie stehen, gehen, sich im Raum bewegen, atmen, sich stabilisieren und berühren!

Ein kleiner Selbstversuch:

- Stellen Sie sich einmal hin und lassen Sie den Kopf und die Schultern so hängen, als wären Sie furchtbar traurig. Dann sagen Sie sich: Ich bin ein Glückskind! Ich werde es schaffen! – Na? Wie fühlt sich das an? Genau! Unglaubwürdig und gelogen!
- Und nun stellen Sie sich aufrecht hin, Schultern zurück, mit erhobenem Haupt und einem optimistischen Lächeln, und sagen sich: Ich bin ein Versager! Ich werde es nie schaffen! – Und? Wie fühlt sich das an? Obwohl Sie vom Kopf her eine negative Botschaft senden, strahlt Ihr Körper Kraft und Optimismus aus. Diese starke Botschaft überschreibt die rein verbale, und der Geist übernimmt die »Körperaussage« im Zweifelsfall als die gültige.

Wie kommt das?

Für unsere Vorfahren war es für das Überleben essenziell wichtig, *zuerst* auf die Signale des Körpers zu achten und sich zu schützen, und erst dann, wenn die Gefahr vorüber war, konnten sie sich gedanklich mit der Situation auseinandersetzen.

Dass die Signale des Körpers auch heute noch stärker wirken als die des Geistes, birgt fantastische Möglichkeiten:

Schon allein durch die Körperhaltung können Sie Ihre geistige Haltung positiv beeinflussen! Und nun stellen Sie sich einmal die Steigerungsmöglichkeit vor, wenn Sie – sowohl durch Ihre Körpersprache als auch durch Ihr konstruktives Sprechen und Denken – ausstrahlen, dass Sie erfolgreich und auf der Gewinnerstraße sind ...

Es lohnt sich also auf alle Fälle, auf den eigenen Körper und auf die Körperhaltung zu achten – nicht nur für Sie selbst, sondern auch, weil Sie so von anderen wahrgenommen werden.

Denken Sie einmal an das oben genannte Beispiel zum Vorstellungsgespräch. Welchen Bewerber würden Sie nehmen? Oder wenn es um eine begehrte Wohnung geht: Welchen Mieter würden Sie auswählen?

Der Körper ist also ein wichtiger Stabilisierungsfaktor, erst einmal für Sie selbst, und Sie strahlen weiter, noch bevor Sie auch nur ein Wort gesagt haben, nonverbal Entscheidendes auch für Ihre Mitmenschen aus, die sich Ihnen gegenüber dann entsprechend verhalten.

Machen Sie einmal einen kleinen Selbstversuch und gehen Sie mit aufrechter Haltung und geradem Blick in ein Lokal ... Sie werden mit Sicherheit ganz anders behandelt werden, als wenn Sie schüchtern und zurückhaltend den Raum betreten hätten.

Häufig wird der eigene Körper jedoch eher wenig freundlich betrachtet oder sogar als Feind wahrgenommen, vor allen Dingen, wenn er einmal nicht so funktioniert, wie er sollte. Dabei sind selbst Symptome oft nur der Versuch unseres »weisen« Körpers, uns vor noch Schlimmerem zu schützen, und können als Botschafter eines wertvollen Bedürfnisses betrachtet werden. Wenn Sie dieses zu lesen lernen und ihm Beachtung schenken, besteht eine gute Chance, dass es sich verabschieden kann und Ihr Wohlbefinden wieder steigt.

Ein Beispiel:

Stellen Sie sich vor, Sie hätten Migräne. Sie ärgern sich, weil Sie schon wieder einen Anfall haben, sich vielleicht sogar ins Bett legen müssen und nicht zur Arbeit gehen können.

Bestimmt fragen Sie sich nun: Wie soll das denn eine »hilfreiche Aktion« Ihres Körpers sein? Ganz einfach: Es handelt sich um einen gut gemeinten Versuch, Sie vor weiterer Überlastung, vor möglicherweise noch Schlimmerem zu schützen. Natürlich bringt eine Migräne Belastungen mit sich, Sie fühlen sich unwohl und müssen vielleicht sogar das Bett hüten, aber dennoch ist es eine Lösung ... Nicht die eleganteste, aber *eine* Lösung. Oft ist es die einzige, die zunächst zur Verfügung steht, um den Betroffenen aus dem Verkehr zu ziehen und ihn »schachmatt zu setzen«. Beispielsweise weil er selbst es nicht gewagt hat, Nein zu sagen.

Häufig sind es nämlich ganz besonders pflichtbewusste Menschen, die sich dauerhaft überlasten oder sich von anderen ausnutzen lassen. Da diese Menschen (noch) nicht gelernt haben, sich selbst zu schützen, tut dies ihr Körper stellvertretend für sie.

Die Migräne, die Sie also wirklich bekommen (diese ist nicht nur »einbildet« oder vortäuscht, wie viele vielleicht meinen könnten), erlaubt es Ihnen, »ganz legal« Nein zu sagen, sich zurückzuziehen und so einer Überlastung zuvorzukommen.

Viele Menschen versuchen, die gut gemeinten Hilferufe des Körpers dennoch zu ignorieren. Doch der Körper lässt sich nicht hinters Licht führen, er weiß genau, wie es Ihnen geht und was Sie brauchen. Er ist ein stets um Sie besorgter Begleiter, der Sie schützen will und immer die beste zur Verfügung stehende Lösung sucht. Also helfen Sie ihm doch ein bisschen, damit sich Ihr Körper wieder »entspannt zurücklehnen« und weitgehend auf Symptome verzichten kann, indem Sie die Verantwortung für sich übernehmen und sich für Ihre Bedürfnisse aktiv einsetzen. Pflegen Sie diesen wertvollsten aller Verbündeten und sorgen Sie gut für ihn!

Über Entspannungsübungen, Stabilisierungs- und Atemübungen oder das sogenannte Klopfen (siehe S. 71) können Sie für mehr Wohlbefinden sorgen und in gutem Kontakt und Austausch mit Ihrem Körper bleiben. Ignorieren Sie Körpersignale nicht, sondern lernen Sie, darauf einzugehen und zu verstehen, dass dies oft ein Hilferuf Ihres Körpers ist. Lernen Sie zu erkennen, welches Bedürfnis jeweils dahintersteht. Mehr dazu in den folgenden Kapiteln.

Mit konstruktivem Sprechen und Denken das Leben in neue Bahnen lenken!

2 KONSTRUKTIV SPRECHEN UND DENKEN

Durch Ihr Denken und Sprechen erzeugen Sie, bewusst und unbewusst, Ihre eigene Wirklichkeit. Durch konstruktives Sprechen regen Sie die neuronalen Netze in Ihrem Gehirn an, und es entsteht ein neues, konstruktiveres Denken. Auf den folgenden Seiten erfahren Sie, wie Sie mit konstruktivem Sprechen und Denken Ihr Leben bereichern.

Worte erzeugen Wirklichkeit. Sie regen uns an und wirken oft wie ein Zauber. Ändern Sie die Art und Weise, wie Sie über sich denken und sprechen, und Sie ändern Ihr Leben!

Wie sprechen Sie konstruktiv?

Es gibt einen wichtigen Unterschied zwischen konstruktivem Denken und dem sogenannten »positiven Denken«. Letzteres ruft unter Umständen inneren Widerstand hervor, wenn die Inhalte nicht wirklich wahr sind. So kann der Vorsatz »Es geht mir jeden Tag immer besser und besser!« genau das Gegenteil bewirken, wenn dies eben gerade nicht der Wahrheit entspricht, wenn Sie tief im Inneren spüren, dass es Ihnen nicht wirklich besser geht.

Sich dann einzureden, es wäre alles bestens, und sich die Situation »schönzufärben«, wenn Sie das Gegenteil spüren, verstärkt eher das Bewusstsein, dass dies eben nicht der Fall ist. Konstruktives Sprechen stimmt jedoch immer mit dem eigenen Erleben und Denken überein, ist lösungs- und zielorientiert und stets wahr.

Die Sprache ist folglich ein mächtiger Verbündeter. Schon Sigmund Freud sagte vor mehr als hundert Jahren, dass der »Zauber des Wortes Krankheitserscheinungen beseitigen kann« (Freud 1890, S. 26).

Aber Sprache kann noch mehr. Sprache ist Magie. Durch Sprache er-schaffen Sie Ihre innere »Wirklichkeit« und formen so Ihr Denken.

Schon in der Bibel heißt es: »Am Anfang war das Wort«, und viele Dichter und Denker wussten um den Zauber und die Macht der Sprache.

Sprechen Sie konstruktiv und erleichtern Sie Ihr Leben!

Beim Sprechen verknüpfen Sie in Ihrem Gehirn mit jedem Wort die vielfältigsten Assoziationen. So werden unbewusst Bilder, Denkmuster und Stimmungen angeregt, und Sie geben den Worten eine tiefere Bedeutung.

Worte verstehen heißt Assoziationen bilden

Sprache ist stets mehrdeutig, und jeder versteht sie individuell anders. Dabei erzeugen Sie durch den Gebrauch von Worten bestimmte Bilder und Vorstellungen bei sich und bei den anderen. Nehmen Sie z. B. das Wort »Achterbahn«: Bei dem einen Menschen erzeugt es ein lustvolles Kribbeln, bei anderen Panik – dasselbe Wort, und doch entstehen ganz unterschiedliche Bilder. Durch konstruktives Sprechen beeinflussen und bereichern Sie in besonderer Art und Weise, wie Sie die Welt wahrnehmen.

»Schläft ein Lied in allen Dingen,
Die da träumen fort und fort,
Und die Welt hebt an zu singen,
Triffst du nur das Zauberwort.«

Joseph Freiherr von Eichendorff (1835)

Wenn Sie zum Beispiel sagen: Dies ist ein Problem, assoziiert Ihr Gehirn Probleme. Wenn Sie stattdessen sagen: Ich suche eine Lösung, habe ein Anliegen, einen Wunsch oder eine Herausforderung vor mir, dann assoziieren Sie etwas Spannendes und Machbares und beginnen mit einer entspannten Grundhaltung, sofort Lösungsstrategien zu entwickeln.

Assoziationen

Wenn Sie Ihre Worte achtsam wählen, tun Sie sich also wirklich etwas Gutes. Auch wenn die Dinge einmal nicht so positiv erscheinen, gibt es dennoch Möglichkeiten, ohne die Tatsachen zu verbiegen, einen Sachverhalt so konstruktiv auszudrücken, dass im Gehirn hilfreiche Bilder entstehen.

Assoziation

Beim Wort Problem —assoziiert Ihr Gehirn→ Probleme.

Sprechen Sie stattdessen von einer zu lösenden Aufgabe,
—assoziiert Ihr Gehirn→ etwas Spannendes, Aufbauendes und Machbares.

↪ Die Wortwahl er-schafft eine andere Wirklichkeit.

»Nicht«, »kein« und »ohne«

Es gibt spezielle Besonderheiten des Gehirns, die Sie sich zunutze machen können: Man sagt, das Gehirn assoziiere nichts zu den Worten »nicht«, »kein« und »ohne«. Es »überhöre« diese gewissermaßen und nehme nur die nicht negierte Aussage wahr.

Beispiel:

»Denken Sie jetzt *nicht* an den rosa Elefanten in einer blaugepunkteten Badehose, wie er fröhlich trompetend über die Hauptstraße läuft.« Und, was passiert? An was denken Sie? Sehen Sie den rosa Elefanten bildlich vor sich und hören ihn fröhlich tröten?

Das geschieht ganz unwillkürlich und blitzschnell.

Oder wie ist es, wenn Sie eine Diät machen und versuchen, *nicht* an Ihre leckere Lieblingsschokolade zu denken? Sie wissen, was dann passiert ... – Hilfreicher ist es, sich Folgendes zu sagen:

- »Ich habe immer häufiger Appetit auf gesundes Essen.«

Sie betonen also *nicht*, was Sie *nicht* mehr wollen, sondern das, was Sie lieber erreichen möchten und das Ihnen wichtig ist.

Fokussierung

Konzentrieren Sie sich also stets auf das Ziel, das Sie erreichen möchten, und rufen Sie so hilfreiche und weiterführende

Assoziationen in Ihrem Gedächtnis wach. Ein förderliches Bild stößt das nächste an, und so stellen Sie sich immer mehr angenehme Bilder und hilfreiche Inhalte vor.

Fokussieren Sie mit Ihren Worten immer Ihr Ziel! Ersetzen Sie das, was Sie *nicht* möchten, was falsch gelaufen ist, durch das, was hilfreicher für Sie ist, was Sie sich wünschen, wo Sie hinwollen. Behalten Sie dann die Fokussierung auf diese Lösung bei! Dadurch halten Sie im Blick, was Ihnen wirklich wichtig ist. Sie handeln selbstbestimmt, nehmen Einfluss auf Ihre Zukunft, und das körperliche und seelische Wohlbefinden wächst.

Ändern Sie Ihre Worte, und Sie verändern Ihr Leben!

Verneinungen

Vor allem, wenn Sie erst anfangen mit dieser Methode zu arbeiten, ist es im Allgemeinen sinnvoll, Worte wie »nicht«, »kein« und »ohne« eher zu vermeiden. Sie können diese jedoch, wenn Sie schon etwas geübter sind, ganz gezielt einsetzen, um nützliche Assoziationen zu erzeugen und gleichzeitig eine wahre Aussage zu machen. Wenn Sie hinter »nicht«, »kein« und »ohne« hilfreiche Worte wie zum Beispiel: »gut«, »gesund« oder »glücklich« setzen,

Fokussierung

Ersetzen Sie: »Ich möchte das nicht« —durch→ »Ich möchte … (Ihr Ziel)«!

Ersetzen Sie: »Das ist falsch gelaufen« —durch→ »So will ich das, da möchte ich hin«!

↪ Fokussieren Sie diese Lösung und *bleiben* Sie fokussiert!

dann werden dadurch förderliche Bilder und Lösungswege in Ihrem Inneren angeregt und Sie bleiben handlungsfähig und ausbalanciert.

Wenn Sie also gefragt werden, wie es Ihnen geht, und Sie fühlen sich gerade gar nicht wohl, antworten Sie doch in Zukunft:

- »Mir geht es *(noch) (gar)* nicht gut, es ist mir schon mal besser gegangen.«

Oder:

- »Ich fühle mich *gerade/zurzeit/im Moment* gar nicht wohl.«

So rufen Sie wohltuende Bilder von Gutgehen/Sich-wohl-Fühlen in Ihrem Gehirn hervor, und Ihre Aussage ist authentisch und wahr.

Ersetzen Sie »Ich bin traurig«, durch:

- *»Ich bin im Augenblick* nicht gerade glücklich.«

So erzeugen Sie leichter hilfreiche Vorstellungen/Bilder von »Glücklichsein«. Je öfter Sie dies tun, desto leichter und schneller verändern Sie Ihr Leben allein durch Ihre kluge Wortwahl.

Indem Sie konstruktiv sprechen und dadurch hilfreiche Assoziationen hervorrufen, bewegen Sie sich also wie von allein in die gewünschte Richtung.

Ein anderes Beispiel:

Verneinung

Ersetzen Sie: »Mir geht es schlecht« —durch→ »Mir geht es noch gar nicht gut«!

Ersetzen Sie: »Ich fühle mich krank« —durch→ »Ich fühle mich gar nicht wohl/gesund«!

↪ Sie erzeugen positive Assoziationen und bewegen sich

↪ ganz von allein in die gewünschte Richtung. Je öfter Sie dies tun, desto besser und leichter gelingt es!

Wenn Sie sagen: »Das regt mich auf«, bleiben Sie nicht mehr bei sich, sondern tun so, als entstünde der Ärger wirklich von außen. Sagen Sie stattdessen ichbezogener und konstruktiver:

- *»Darüber rege ich mich auf.«*

So handeln Sie aktiver, nehmen Einfluss auf den Umgang mit Ihren Gefühlen und auch die Verantwortung zu sich zurück.

»Das ärgert mich« verwandeln Sie konstruktiver in:

- *»Ich ärgere mich.«*

Noch förderlicher wäre eine begrenzende und präzisierende Aussage wie:

»Angesichts von xy fällt es mir gerade nicht so leicht, ruhig zu bleiben.«

Der Dominoeffekt

Ein Dominostein führt zum nächsten und nächsten und nächsten.

So bilden Sie eine Kette positiver Gedanken.

Und vielleicht möchten Sie ja dann noch etwas weiter gehen:

- »Ich lasse xy los und achte stattdessen lieber auf mich!«

Sie können also Einfluss darauf nehmen, wie ein Außenreiz verarbeitet wird, und damit auch Ihr Handeln entscheidend verändern.

Sprache bietet noch viel mehr an Möglichkeiten, wie Sie Ihre Welt wahrnehmen und welche Netzwerke Sie bewusst oder unbewusst in Ihrem Gehirn aktivieren wollen. Es lohnt sich also unbedingt, diese einmal näher zu betrachten.

Ersetzen Sie Substantivierungen durch Verben

Nicht umsonst heißt das Verb im Deutschen »Tätigkeitswort«, früher in der Schule auch »Tuwort«. Verben stehen also für ein Tun, eine Aktion, sie bringen etwas in Bewegung.

Ein Beispiel:

Durch konstruktive Sprache erreichen Sie eine entscheidende Verbesserung Ihres Lebens. → Durch konstruktive Sprache verbessern Sie Ihr Leben entscheidend.

Nehmen Sie etwas in Angriff! → Beginnen Sie, fangen Sie an!

Ersetzen Sie passive Konstruktionen durch aktive

> Sie werden von uns über konstruktive Sprache informiert. → Wir informieren Sie gerne, wie Sie konstruktiv sprechen können.

Ersetzen Sie »ich muss/soll« durch »ich möchte/will/tue«

> Ich muss noch den Einkauf erledigen. → Ich will/möchte noch einkaufen gehen.
> Auch wenn sie keine Lust dazu haben, ganz einfach: Ich gehe jetzt einkaufen!

Und dann tun Sie es ...!

Ersetzen Sie Konjunktive durch Indikative

> Wir würden uns freuen, wenn Sie diese Tipps aufmerksam lesen würden. → Wir freuen uns, wenn/dass Sie diese Tipps aufmerksam lesen.

Sie sehen also: Eine aktive, lebendige Sprache ist ein wichtiger Faktor, um Ihrem Leben eine positive Wendung zu geben. Indem Sie konstruktiv zu denken und zu sprechen beginnen, sehen Sie die Welt und sich selbst nach und nach mit anderen Augen an.

Neuronale Plastizität

Sie programmieren Ihr Gehirn bei diesen Lernprozessen nicht einfach nur um. Tatsächlich bilden Sie, wenn Sie häufig einen bestimmten »Pfad« benutzen oder wenn Sie etwas üben, zahlreiche neue Verbindungen im Gehirn. Es gibt also eine anatomische Veränderung Ihres Gehirns, wenn Sie bestimmte Assoziationen erzeugen oder gewisse »Denkpfade« häufig gehen.

Sie haben folglich einen großen Einfluss auf die Gestaltung Ihrer Zukunft. Richten Sie Ihr Denken und Sprechen auf Ihre Wünsche und Ziele aus, dann geben Sie Ihrem Leben eine wohltuend aufbauende Wendung.

Was sehen Sie?

Was sehen Sie hier: ein paar Fische oder das Gesicht eines Mädchens? Wie Sie etwas wahr-nehmen, erzeugen Sie Ihre Wahrheit, die wiederum Ihre Wirklichkeit darstellt. Die gute Nachricht ist: Sie sind in der Lage umzuschalten! Sprache erschafft innere Wirklichkeit und damit ganz entscheidend Ihre Grundhaltung der Welt gegenüber. Wenn Sie Ihre Sprache verändern, ändern Sie auch Ihre Grundeinstellungen und damit Ihre (Um-)Welt.

Durch konstruktive Sprache die innere Haltung verändern

Mit jedem Wort, mit jedem Bild assoziieren Sie also etwas, unbewusst und ganz automatisch, indem Sie sich etwas »vor–stellen«, etwas »ein-bilden« – und so erzeugen Sie Ihre innere und äußere Wirklichkeit. Ihre veränderte Haltung hat nicht nur positive Auswirkungen auf Sie selbst, sondern auch auf Ihre Umwelt, denn Ihre Mitmenschen reagieren darauf, wie Sie sich mit Ihrem Blickwinkel, Ihrer Grundhaltung und Sprache der Welt zeigen. Mit anderen Worten und veränderten Perspektiven, die Sie einnehmen, reagieren auch Ihre Mitmenschen anders, und eine neue Wirklichkeit entsteht. Dies geschieht nicht »einfach so« – von allein oder gar von außen –, sondern ganz entscheidend durch *Ihre* Sprache.

Denken und Sprechen erzeugen Wirklichkeiten – bewusst und ganz besonders unbewusst!

Verändern Sie Ihre innere Wirklichkeit!

Entscheidend ist dabei, welche – möglichst hilfreichen – Netzwerke Sie in Ihrem Gehirn durch den geschickten Gebrauch konstruktiver Sprache aktivieren. So erzeugen Sie die gewünschten Erlebnisweisen und bewirken nachhaltige Veränderungen bei sich und bei Ihren Mitmenschen. Das heißt: Der einzige wirklich Erfolg versprechende Weg, den anderen zu ändern, ist, sich selbst zu verändern. Es ist wie bei einer Balkenwaage: Verändern Sie etwas auf einer Seite, ändert sich das gesamte Gleichgewicht.

So aktivieren Sie Ihre hilfreichen Netzwerke:

- Sprechen Sie stets konstruktiv über sich, auch im Spaß!
- Ersetzen Sie »es«, »man« und »wir« durch Ich-Sätze!
- Ersetzen Sie Substantivierungen durch Verben!
- Das letzte Wort im Satz wirkt nach. Achten Sie also auf das Satzende!
- Sprechen Sie nicht nur, um Informationen mitzuteilen, sondern vor allem, um neue Sichtweisen anzuregen und hilfreiche Netzwerke zu aktivieren!
- Behalten Sie Ihre Ziele im Auge und denken Sie lösungsorientiert!
- Erleben geschieht immer jetzt: Richten Sie Ihr Denken und Sprechen also auf die Gegenwart und Zukunft aus!
- Sprechen Sie von sich und wenden Sie Ihren Blick von der Außen- auf Ihre Innenwelt: Ich denke, ich erlebe …
- Ersetzen Sie »müsste«, »könnte«, »würde« und »sollte« durch »Ich will/möchte/tue«!
- Sprechen Sie stets selbstbezogen: »Ich … für mich …« Die Worte »nicht« und »kein« werden nicht assoziiert. Nutzen Sie dies, indem Sie konstruktive Worte anhängen (Mir geht es [nicht] gut)!
- Achten Sie im Gespräch stets auf die Resonanz Ihres Gegenübers!

Beispiele von hilfreichen Umwandlungen:

Es ärgert mich, dass ...

→ Ich ärgere mich über es/sie/ihn.

→ Ich ärgere mich!

Was ist für mich hilfreicher?

→ Ich bleibe gelassen, ich akzeptiere es so, wie es ist.

Ich bin selbst schuld, ich fühle mich schuldig.

→ Ich beschuldige mich.

Was ist für mich hilfreicher?

→ Ich finde mich okay. Ich akzeptiere mich so, wie ich bin!

Etwas nimmt mir die Luft.

→ Ich kriege keine Luft.

Was ist hilfreicher für mich?

→ Ich atme auf.

Das macht mich sauer.

→ Ich bin sauer/wütend.

Was ist hilfreicher für mich?

→ Ich versüße es mir, ich mache es mir angenehmer, ich lasse es sein.

Auch wenn es darum geht, Texte zu schreiben, achten Sie stets auf konstruktive Formulierungen!

Ein Beispiel für die konstruktive Transformation eines Textes:

Die meisten Patienten stellen sich eine Chemotherapie sehr schlimm vor, dabei ist sie oft nicht so aggressiv und zerstörerisch, wie man annimmt. Und Sie müssen wirklich keine Angst haben: Der Körper wird nicht die ganze Zeit mit giftigen Substanzen behandelt, es gibt auch Therapiepausen zur Erholung, damit die Körperzellen, die während der Behandlung in Mitleidenschaft gezogen wurden, nicht für immer zerstört werden. Sagen Sie Ihrem Arzt, wenn es Ihnen während der Therapie schlecht geht, damit Sie nicht unnötig unter Nebenwirkungen, wie zum Beispiel Erschöpfung, leiden müssen. Versäumen Sie anschließend auch bitte keinen Nachsorgetermin, damit Sie sicher sind, dass sich kein neuer Tumor gebildet hat. Denn dann sind Ihre Überlebenschancen gar nicht so schlecht.

Lassen Sie den Text unbewusst auf sich wirken und lassen Sie das nicht assoziierte »nicht« und »kein« einmal weg. Sie hören dann, wie der Text im Unbewussten ankommt.

Die meisten Patienten stellen sich eine Chemotherapie sehr schlimm vor, dabei ist sie oft ... so aggressiv und zerstörerisch, wie man annimmt. Und Sie müssen wirklich ... Angst haben: Der Körper wird ... die ganze Zeit mit giftigen Substanzen behandelt, es gibt auch Therapiepausen zur Erholung, damit die Körperzellen, die während der Behandlung in Mitleidenschaft gezogen wurden, ... für immer zerstört werden. Sagen Sie Ihrem Arzt, wenn es Ihnen während der Therapie schlecht geht, damit Sie ... unnötig unter Nebenwirkungen, wie zum Beispiel Erschöpfung, leiden müssen. Versäumen Sie anschließend auch bitte ... Nachsorgetermin, damit Sie sicher sind, dass sich ... neuer Tumor gebildet hat. Denn dann sind Ihre Überlebenschancen gar ... so schlecht.

Und nun die konstruktive Formulierung desselben Inhalts. Achten Sie darauf, wie Sie jetzt diesen Text empfinden.

Die meisten Patienten stellen sich eine Chemotherapie nicht so angenehm vor, dabei ist sie oft viel hilfreicher, als man annimmt. Bleiben Sie zuversichtlich: Ihr Körper bekommt zwischen den Therapiezyklen genügend Zeit zur Erholung, damit die Körperzellen sich wieder regenerieren können. Sagen Sie Ihrem Arzt, wenn es Ihnen während der Therapie einmal nicht gut geht, damit er Sie optimal unterstützen und behandeln kann. Kommen Sie anschließend auch bitte regelmäßig zur Nachsorge, damit Sie auf der sicheren Seite sind und wir Sie sofort behandeln können, sollte dies einmal nötig sein. Bleiben Sie optimistisch und in einem guten Kontakt mit Ihrem Körper, und gehen Sie davon aus, dass Sie geheilt sind.

Worte erschaffen Wirklichkeiten!

Doch auch die Art und Weise, wie Sie sich selbst sehen und einschätzen, prägt in entscheidender Weise, was Sie erleben und wie Sie Erlebtes wahrnehmen, einordnen und abspeichern. Ändern Sie Ihre Wortwahl und Sie ändern die Art und Weise, wie Sie sich fühlen und Ihre Welt wahr-nehmen. Dies kann im oben aufgeführten Beispiel einer Tumorerkrankung unter Umständen lebensverlängernd oder sogar lebensrettend sein. Es ist bekannt, dass Patienten, die zuversichtlich bleiben, deutlich länger leben.

Finden Sie neue Blickwinkel!

Wenn Ihre Sprache und Ihre Einstellung Ihre innere Wirklichkeit erzeugen, warum dann nicht die Einstellung verändern – und damit Ihre ganze Wahrnehmung, Ihre subjektive Wirklichkeit, Ihre innere Welt?

> Erleben ist immer jetzt! Erleben ist immer subjektiv!

Ändern Sie also Ihre Einstellungen sich selbst gegenüber. Bleiben Sie eins mit sich und vertrauen Sie sich und Ihrer Wahrnehmung. Richten Sie Ihr Denken statt auf die Vergangenheit lieber auf die Gegenwart und Zukunft aus.

Denken, sprechen und leben Sie ab heute konstruktiv und lösungsorientiert!

Wechseln Sie Ihren Blickpunkt und Ihre Haltung!

Ich bin gespalten.	→ Ich bin eins mit mir.
Ich bin mir fremd.	→ Ich bin in mir zu Hause.
Ich bin außer mir.	→ Ich bin bei mir und mit mir.
Ich bin in großer Gefahr.	→ Ich bin sicher.
Ich bin wie tot.	→ Ich lebe.
Ich bin total hilflos.	→ Ich kann mir helfen.
Ich bin sprachlos.	→ Ich finde meine Sprache wieder.
Ich bin isoliert.	→ Ich verbinde mich.

Ich bin verärgert.	→ Ich balanciere mich aus, komme in Einklang mit mir.
Ich bin krank.	→ Ich heile.
Ich bin wütend.	→ Ich lasse los, ich fühle mich souverän.
Ich bin unausgeglichen.	→ Ich gleiche mich aus.
Ich bin zu kurz gekommen.	→ Ich sorge gut für mich.
Ich bin schwach.	→ Ich stärke mich, ich vertraue mir.
Ich bin mein schlimmster Kritiker.	→ Ich bin (gut) so, wie ich bin.
Ich bin machtlos.	→ Ich bestimme.

Haben Sie bemerkt, wie statisch die Sätze auf der linken Seite der Tabelle wirken? Und wie aktiv und beweglich die auf der rechten Seite? Wechseln Sie daher aus dem scheinbar statischen Zustand in einen aktiven. Sie kommen wieder in Bewegung, werden im wahrsten Sinne frei und beweglich und finden so leichter Lösungen und Ihr inneres Gleichgewicht.

Fragen, die Sie weiterbringen

Erwarten Sie oft von den anderen etwas, das Sie eigentlich für sich selbst tun sollten, aber nicht machen? Doch wie können Sie erwarten, dass die anderen etwas schaffen, das Sie selbst (noch) nicht bereit sind, für sich zu tun? Ihre Sehnsüchte und das, was Ihnen fehlt, zeigen daher auf, was Sie in Bezug auf Ihre Selbstwahrnehmung, Ihre Selbstachtung und Selbstfürsorge besser machen können.

Wollen Sie von anderen verstanden werden?	→ Verstehen Sie sich selbst?
Wollen Sie von anderen wahrgenommen werden?	→ Nehmen Sie sich selbst wahr?
Wollen Sie von anderen anerkannt werden?	→ Erkennen Sie sich selbst an?
Wollen Sie von anderen geliebt werden?	→ Lieben Sie sich selbst?
Wollen Sie von anderen geachtet werden?	→ Achten/würdigen Sie sich selbst?

Statt auf die anderen fixiert zu sein, achten Sie lieber auf sich selbst!

Der Erfolg eines Dialogs hängt ganz wesentlich davon ab, welche Stimmung Sie verbreiten – also von der Art und Weise, wie Sie kommunizieren. Sprechen Sie daher in Beziehungen und im Beruf und *auch mit sich selbst* stets konstruktiv!

Konstruktiv kommunizieren

Viele Therapeuten sind überzeugt: Der überwiegende Anteil aller Paarprobleme sind im Grunde Kommunikationsprobleme. Wenn Sie jedoch sinnlose »Argumentationsgefechte« durch konstruktive Formulierungen ersetzen, die in Ihrem Gegenüber ein Wohlgefühl erzeugen, ein Gefühl, respektiert zu werden, ist die Wahrscheinlichkeit, dass Sie gehört werden und eine gute konstruktive Lösung für beide Partner finden, deutlich höher.

Konstruktive Sprache in Beziehungen

Wenn Sie konstruktiv sprechen, bleiben Sie gelassen bei sich und Ihrer Beziehung, denn mit einem konstruktiven Gespräch wenden Sie sich letztlich immer dem anderen zu. Sie respektieren sich und das Gegenüber, wollen etwas im Zusammenspiel miteinander verbessern. Sprechen Sie also darüber, wohin Sie möchten mit dem anderen, wo und wie Sie Möglichkeiten für ein gesundes, gelöstes Miteinander sehen. Das konstruktive Gespräch, die ausgesprochenen Dinge sorgen dafür, dass Sie und Ihr Partner sich wohl, geborgen, klar und sicher fühlen.

Konstruktive Gespräche sind Fördergespräche

Führen Sie stets konstruktive »Fördergespräche« und ermöglichen Sie dadurch Ihrer Partnerschaft, sich zu entwickeln. Beide Partner wahren auf diese Weise ihr Gesicht, und es gibt nur Gewinner. Dabei gelten dieselben Prinzipien wie bereits geschildert. Verwenden Sie auch hier heilsame Bilder, die gesunde Assoziationen erzeugen, benutzen Sie Verneinungen geschickt und behalten Sie stets Ihren Fokus und Ihre Bedürfnisse im Auge. Lassen Sie dabei die Vergangenheit (»Vor zwanzig Jahren hast du schon ...«) hinter sich, denn die

Vergangenheit ist vergangen und für immer vorbei. Hilfreicher ist es, den Blick auf die Zukunft zu richten, auf das, was Sie sich stimmiger wünschen, und vor allem: Schauen Sie immer wieder auf sich selbst.

Egal, ob im inneren Dialog mit sich oder mit anderen, fragen Sie sich stets:

- Fühle ich mich in dieser Situation, mit diesem Menschen wohl und geborgen?
- Falls nein: Wie kann ich mich wieder ausbalancieren?
- Achte ich auf mich und meine Bedürfnisse? Denke und spreche ich konstruktiv?
- Was kann ich dazu beitragen, dass wir wieder ins Reine kommen?

Wenn Sie mit jemandem kommunizieren wollen, senden Sie »Ich-Botschaften«. Sprechen Sie darüber, was das Verhalten des anderen mit Ihnen macht, wie Sie sich dabei fühlen. Das kann der andere nachvollziehen, ohne sich verteidigen zu müssen. Wenn Sie den anderen zurechtweisen oder gar beschuldigen, ernten Sie nur Widerstand, und die Kommunikation gerät in eine Sackgasse. Und das ist ja das Gegenteil von dem, was Sie erreichen wollen, oder? Wenn Sie jedoch von sich und Ihren Gefühlen sprechen, haben Sie die besten Chancen, dass Ihr Gegenüber Ihnen offen und wohlwollend zuhört.

Beispiel:

- »Nie räumst du die Spülmaschine aus! Immer muss ich alles allein machen!«

Haben Sie auf diese Weise jemals etwas bei Ihrem Partner erreicht?

Besser:

- »Ich fühle mich nicht wohl, wenn ich immer allein für Ordnung sorge. Ich wünsche mir, dass du mich im Haushalt unterstützt und auch ohne Aufforderung die Spülmaschine ausräumst.«

Im Falle einer Auseinandersetzung ersetzen Sie jegliche Rechtfertigung durch ein ruhiges, souveränes Auftreten! Ihr Gegenüber spürt, ob Sie sich recht-fertigen, also eigentlich tief im Inneren glauben, kein »(An-)Recht« darauf zu haben, was Sie möchten. Das vermittelt sich dem anderen nonverbal – egal, wie gut Sie argumentieren. Deswegen klären Sie zunächst im Inneren, was für Sie stimmig ist, sodass Sie sich auf sicherem Terrain fühlen, und gehen dann erst in den Dialog mit dem anderen! Setzen Sie sich mit ihm zusammen statt auseinander!

Bleiben Sie locker, ruhig und gelassen

Sprechen Sie den anderen in ruhigen, klaren Worten freundlich auf das an, was Sie sich stimmiger wünschen, und bleiben Sie dabei gelassen. Geben Sie dem anderen die Zeit und den (Frei-)Raum, den er braucht, um darüber nachzudenken, und nehmen Sie so lange eine freundlich-distanzierte Haltung ein. Oft ist es hilfreicher, die Dinge reifen zu lassen. Wichtig sind allein die Ruhe und die Gelassenheit in Ihrem Inneren. Achten Sie also darauf, wie es Ihnen gerade geht damit, und bleiben Sie nach innen hin fokussiert. Das ist am Anfang oft gar nicht so leicht, mit ein bisschen Übung gelingt es dann aber immer besser. Wenn Sie mit Ihrem Partner oder Kollegen sprechen wollen und das Gefühl haben, im Augenblick gerade nicht wirklich ausbalanciert zu sein, verschieben Sie es lieber auf später. Nur wenn Sie einen sicheren Stand haben und mit sich im Reinen, in Balance sind, können Sie etwas bewirken.

Apropos Stand ... achten Sie auch hier immer auf Ihre Körpersprache sowie die des anderen. Körperliche Wahrnehmungen haben, wie gesagt, einen wichtigen Anteil daran, wie Sie mit anderen in Beziehung treten. Die Haltung, die Sie im Raum einnehmen, ist von großer Bedeutung dafür, wie Sie die Welt wahrnehmen und die anderen Sie. Vielleicht ist dieser Teil der nonverbalen Kommunikation sogar entscheidender als das, was Sie mit Worten auszudrücken vermögen. Und die Botschaft von Körper zu Körper vermittelt sich blitzschnell.

Mit aufrechter Haltung und freiem Blick der Sonnenseite des Lebens zuwenden!

3 BE-ACHTEN SIE IHREN KÖRPER

Ihr Körper ist Ihr wichtigster Freund und Verbündeter. Sogar dann, wenn er Symptome entwickelt, versucht er, Sie dadurch zu schützen, denn vorübergehend können diese tatsächlich eine Lösung sein. Ihr Körper ist stets auf Ihrer Seite. Schließen Sie also Frieden mit ihm und lernen Sie zu lesen, welche Bedürfnisse hinter den Symptomen stehen.

Glauben auch Sie, dass Sie alles wieder und wieder »durchkauen« müssen, um zu einer Lösung zu kommen? Solche Redewendungen, die der Volksmund kennt, enthalten oft tiefe Wahrheiten und viel intuitives Wissen, das dort hineingeflossen ist.

Bei vielen Therapieschulen wurden jedoch vergangene Ereignisse, die nicht optimal für Sie waren, wieder und wieder *rein verbal* »durchgekaut«, ohne näher auf den Körper einzugehen, ohne zu beachten, ob und wie sich etwas dort widerspiegelt und gespeichert wird.

Ihr Körper – ein vergessenes Stiefkind?

Natürlich ist es gut, mithilfe des Geistes zur Lösung einer Herausforderung oder eines vergangenen Traumas beizutragen, doch das geistige Erfassen eines Sachverhaltes ist nur die eine Seite der Medaille. Ich würde sogar so weit gehen zu sagen: die unwichtigere! Denn wie schon erläutert, ist das, was im Körper geschieht, was dort abgespeichert ist, was er an Signalen aussendet, immer bedeutender als das, was Sie ausschließlich mit Ihrem bewussten Verstand erfassen können. Wenn Sie versuchen, ein Thema rein verstandesmäßig zu lösen, lassen Sie einen wichtigen Teil (und Verbündeten!) außen vor: Ihren Körper.

Wenn Sie ihn jedoch aufmerksam wahrnehmen (wie es ihm geht, welche Symptome auftreten oder sich während eines Lösungsversuches einstellen) und hineinspüren, was er in diesem Augenblick gerade braucht, welches dahinterliegende Bedürfnis *Sie* im Moment empfinden, – dann haben Sie die besten Chancen, zu einer wirklich hilfreichen und gelungenen Lösung zu kommen.

Aber vielleicht gehören Sie auch zu den Menschen, die meinen, alles wieder und wieder »durchkauen« zu müssen, um zu einer Lösung zu kommen?

Sicher wissen Sie aus eigener Erfahrung, dass Sie etwas nicht einfach nur mit dem Geist »behandeln« können, sondern dass Ihr Körper intensiv mitarbeitet, er »kaut das Problem durch«. Wie oft sind Sie morgens schon mit einem verspannten Kiefer aufgewacht, weil Ihnen in der Nacht etwas im Kopf herumgegangen ist, das Sie zu verarbeiten hatten? Zahnärzte können ein Lied davon singen und verordnen dann oft eine Beißschiene, um die Zähne vor bleibendem Schaden zu schützen. Langfristig wäre es natürlich gut, die Verspannungen nicht nur auf der Symptomebene zu behandeln, sondern auch zu erfassen, was Sie in diesem Moment wirklich brauchen, um so eine schonendere und hilfreichere Lösung als das »Durchbeißen« zu entwickeln. Doch auch wenn es nicht optimal ist, im Moment ist es dennoch eine Lösung!

Bestimmt kennen Sie auch den steifen Nacken, wenn Sie etwas unbedingt durchziehen wollen, die Rückenschmerzen, wenn Sie sich eigentlich kaum noch aufrecht halten können, aber partout etwas durch-stehen wollen/müssen und so weiter. Der Körper dient Ihnen hier als Spiegel dessen, was in Ihrer Seele vorgeht, und gleichzeitig stellt die Symptomatik oft auch einen Lösungsversuch dar, um die Situation akut zu bewältigen. Die »rein körperlichen Lösungsversuche« greifen aber allein meist zu kurz. Sie zu würdigen und aufmerksam wahrzunehmen, ihre Symbolik zu entschlüsseln, um das dahinterstehende Bedürfnis kennenzulernen, das ist der Weg – und im besten Fall lässt sich so auch schon eine mögliche Lösung erkennen.

Beispiele:

Ich fühle mich krank.	→ Ich wurde gekränkt, ich brauche Schutz.
Ich muss mich durchbeißen.	→ Ich möchte wieder frei sein, aber ich erlaube es mir (noch) nicht.
Mir ist etwas »sauer aufgestoßen«.	→ Ich fühle mich benutzt. Ich möchte mich (eventuell mit Sodbrennen) behaupten und durchsetzen.
Das bereitet mir Kopfzerbrechen.	→ Ich fühle mich gefangen und möchte mich (eventuell mit Migräne) befreien, mich wieder gelöst fühlen.
Das bricht mir das Herz.	→ Ich habe Kummer, fühle mich einsam und (eventuell mit Herzsensationen) allein. *Im besten Fall:* Ich muss mich (um mich) kümmern.

Wenn Sie die oft stark symbolhafte Körpersprache aufmerksam wahrnehmen und lernen zu ergründen, welches Bedürfnis dahinter verborgen ist, – was *Sie* in diesem Moment (und auch langfristig) wirklich brauchen, was *Ihnen* guttäte und was *Sie* möglicherweise verändern sollten, – wenn also Körper und Geist Hand in Hand als gleichberechtigte Partner nach einer Lösung suchen, dann haben Sie die optimalen Voraussetzungen für glückliche und dauerhafte Veränderungen bereits geschaffen.

Dass einem tatsächlich das »Herz brechen kann«, zeigt eindrucksvoll die Stress-Kardiomyopathie, das »Broken-Heart-Syndrom«. Nach einer großen gefühlsmäßigen Belastung, wie zum Beispiel dem Tod eines Angehörigen, kann es dabei zu einer Verformung des Herzens kommen, mit Symptomen, die einem Herzinfarkt ähneln und zur Sicherung der vitalen Funktionen oft sogar intensivmedizinisch behandelt werden müssen. Ohne dass das Herz zuvor erkrankt war, reagiert der Körper mit einem Herunterfahren der Herzfunktion, wenn z. B. der mit dem Todesfall einhergehende Kummer nicht beachtet und aufgefangen wurde, – beinahe so, als würde er stellvertretend trauern. Die Trauer wird sozusagen im Körper abgebildet und dort abgespeichert, und wenn sie nicht verstanden und gelöst wird, können sich sogar nach einer vollständigen Genesung erneut Rückfälle einstellen.

Auch heute noch hören Patienten bei unklaren Symptomen oft, sie seien nicht wirklich krank, sondern es sei »nur psychisch«, was die meisten Patienten als »eingebildete, nicht wirklich vorhandene Krankheit« interpretieren. Doch die Auffassung, dass Körper und Geist getrennt zu betrachten seien, ist nicht nur unsinnig, sondern sogar schädlich. Mit der Aussage, es sei »nur« etwas Psychisches, verhindert man häufig eine mögliche Behandlung. Menschen, die – zumal von einem Arzt – solches zu hören bekommen, fühlen sich berechtigterweise nicht ernst genommen.

Dass man vor Kummer sogar sterben kann, zeigt schon das obige Beispiel mit aller Klarheit. Es zeigt aber auch, wie eng Psyche und Körper verzahnt sind und dass die eine ohne den anderen nicht zu denken ist. Eigentlich sollte dies inzwischen allgemein bekannt sein, aber die Bedeutung des Körpers – und damit auch seine Würdigung und Beachtung – kommt auch heute oftmals noch zu kurz.

Erinnern Sie sich also stets daran, den ersten Blick auf den Körper zu richten. Wenn er nicht so funktioniert, wie er soll, ist es nicht hilfreich, ihn zu beschimpfen: das »böse Bein«, die »dumme Migräne«, der »verdammte Rücken«. Wie schnell sind wir mit solchen Begriffen bei der Hand!

Damit Sie stattdessen Verständnis entwickeln können, ist es wichtig, dass Sie sich immer wieder klarmachen, dass Ihr Körper auch dann Ihr wichtigster Freund und Verbündeter ist und bleibt. Aber wie das so ist unter Freunden: Manchmal brauchen diese unsere Hilfe. Und wenn der Körper Aufgaben für uns erledigt, die eigentlich unsere wären, hilft es manchmal, ganz bewusst einen Handel mit ihm einzugehen.

Beispiel:

»Immer, wenn es mir zu viel wird, bekomme ich Migräne.«

→ Statt sich mit einer (tatsächlich vorhandenen) Migräne aus Überforderungssituationen erlaubterweise zurückzuziehen (also den Körper meine Aufgaben erledigen zu lassen), sage ich das Zauberwort »Nein«, wenn mir etwas zu viel wird, und suche längerfristig nach einer Lösung, mit der ich besser zurechtkommen kann.

Der eigentliche *Deal* besteht nun darin zu sagen:

»Ich übernehme wieder die Verantwortung für das, was passiert, und du, lieber Körper, darfst dich nun zurücknehmen, dich entspannen und dich deinen eigentlichen Aufgaben widmen. Ich übernehme jetzt wieder das Ruder!«

Vielleicht klingt das im ersten Augenblick etwas seltsam, aber ich habe in unzähligen Fällen erlebt, wie gut es funktioniert, wenn man sich ganz bewusst auf ein »Gespräch mit dem eigenen Körper« einlässt. Versuchen Sie es doch einmal! Entlasten Sie Ihren besten Freund und loyalen Verbündeten: Ihren Körper! Er wird es Ihnen danken.

Der Körper als Speicher der Erinnerung

Da wir ein Leben lang an diesen, unseren wichtigsten Freund gebunden sind, ist es mehr als sinnvoll, mit ihm eine enge Vertrautheit auf der Basis gegenseitiger Rücksichtnahme einzugehen und eine lebendige Verbindung und Kommunikation aufrechtzuerhalten. Doch der Körper ist viel, viel mehr als nur unser Freund und Verbündeter. Er ist auch der Bewahrer und Speicher unserer Erinnerungen. Leider sind dies nicht immer hilfreiche Erinnerungen, sondern eben auch Verletzungen und Traumata. Bei einem Trauma – einer schweren körperlichen und/oder seelischen Verletzung – kann es zu einer »dorsalen Aktivierung«, einer Art Erstarrung (einem »Schockgefrieren«) des ganzen Systems kommen. Sie führt möglicherweise zu einer deutlichen Einschränkung der Lebensqualität, wenn es nicht gelingt, sich daraus wieder zu befreien.

Doch was ist das eigentlich genau, eine »dorsale Aktivierung«?

Stephen Porges (2009) hat dazu in seiner Polyvagal-Theorie Folgendes herausgefunden: Der Sympathikus sowie der ventrale und der dorsale Vagusast sind die entscheidenden Faktoren im autonomen Geschehen. Er unterscheidet drei Reaktionsmuster, mit denen unser Nervensystem auf ein Geschehen reagieren kann:

- Entspannung
- Aktion und
- Erstarrung.

Entspannung

Der ventrale, parasympathische Ast des Vagusnervs bewirkt in einer sicheren Umgebung, dass Sie sich auf Ihre Umgebung einstellen und mit anderen Menschen frei und gelöst in Beziehung treten können.

Aktion/Anspannung

Wenn Sie sich nicht sicher fühlen, nimmt der Einfluss des aktivierenden Sympathikus zu und verdrängt den beruhigenden Einfluss des Parasympathikus. Der Sympathikus macht Sie flucht- und kampfbereit. Die Verdauung wird heruntergefahren, Herzschlag und Blutdruck werden aktiviert, die Atmung intensiviert. Dieser Zustand kann sich, wenn die tatsächliche oder vermeintliche Bedrohung andauert oder sogar noch zunimmt, bis zur Übererregung, dem sogenannten Hyperarousal, steigern.

Erstarrung

Kommt es zu einer Übererregung und Kampf oder Flucht sind nicht mehr möglich (zum Beispiel bei einem traumatischen Erlebnis), fährt der dorsale Ast des Vagusnervs dann – als letzte Chance auf ein Überleben – die Steuerung des Körpers herunter. Es kommt zu einer Art Totstellreflex, zum Erstarren oder einer Ohnmacht – also einer Notabschaltung des Systems –, und einer Dissoziation, d. h., Erinnerungen oder sogar ganze Persönlichkeitsanteile, die normalerweise gut integriert sind, werden abgespalten und so unerträgliche Erfahrungen ausgeblendet. Das intuitive Wissen um diese Möglichkeiten findet sich in vielen Sprachen und Kulturen wieder und lässt sich auch bei Tieren beobachten: Man ist »gelähmt vor Angst«, »starr vor Schreck«, »wie ein Kaninchen vor der Schlange« (engl.: *like a deer in headlights*, franz.: *comme un lapin dans les phares* oder niederländ.: *als aan de grond genageld staan*).

Dieser Totstellreflex ist im Falle des Kaninchens vor der Schlange oder der kleinen Maus, die sich einer Katze gegenübersieht, durchaus sinnvoll. Denn wenn das Opfer sich nicht mehr bewegt, wird es von einem Feind, der auf Bewegung reagiert, möglicherweise für tot gehalten und auf diese Weise »durch sein intuitives Nervensystem« aus höchster Not gerettet.

Doch was, wenn dieser Zustand andauert? Wenn Sie so empfinden und leben, als würden Sie ständig einer Bedrohung gegenüberstehen?

Auch wenn Sie im Augenblick gar nicht real bedroht oder gefährdet sind – also im übertragenen Sinn gar keine Schlange oder Katze vorhanden ist –, können Sie durch bestimmte, von außen eher harmlos erscheinende Auslöser (Trigger) wieder in den Zustand der Erstarrung zurückfallen. Und zwar, wenn in Ihrem Körper das traumatische Ereignis (die Begegnung mit der Schlange/Katze) noch immer gespeichert ist. Werden diese Erstarrungszustände chronisch, können sie gravierende gesundheitliche Folgen haben.

Leider heilt die Zeit nicht alle Wunden. Bei einem tief im Körper gespeicherten Trauma spielt es keine Rolle, wie lange das Ereignis her ist. Selbst wenn schon Jahrzehnte vergangen sind, reagieren Sie so, als würde es gerade in diesem Moment geschehen. Dabei ist zu beachten: Das Trauma liegt nicht im Ereignis selbst, sondern darin, wie es im Nervensystem verarbeitet wird.

Um wieder in Balance zu kommen, helfen in leichteren Fällen insbesondere körperliche Berührungen, aber auch entspannende Musik. Genaueres zu Stabilisierungsübungen finden Sie in Kapitel 4 ab S. 58.

Im alltäglichen Leben findet andauernd ein Wechsel zwischen Anspannung und Entspannung statt. Es gilt dabei nicht, die Anspannung zu vermeiden, sondern eine flexible Beweglichkeit zwischen diesen beiden Polen zu erhalten. Solange die Flexibilität bestehen bleibt, ist es selbst im Zustand des Hyperarousals noch möglich, sich wieder auszubalancieren.

Um erst gar nicht aus der flexiblen Beweglichkeit einer gesunden Mitte herauszurutschen, geht es in diesem Buch vor allem darum, wie Sie durch konstruktives Sprechen und Denken, durch Stabilisierungsübungen in einer leichten Trance und durch einen liebevollen Umgang mit Ihrem Körper Ihre innere Balance erhalten oder wiederherstellen können. Woltemade Hartman (2016) spricht in seinem Lebensflussmodell von einem *Toleranzfenster,* in dem der Lebensfluss mit all unseren Gefühlen, Verhaltensweisen und Empfindungen – umgeben von schützenden Ufern – dahinfließt.

Wenn wir uns in diesem Toleranzfenster bewegen, dann ist das ventrale Vagussystem aktiviert, Sie befinden sich im Flow, haben den Überblick, können klar denken, Sie nutzen Ihre Ressourcen, sind selbstwirksam, kohärent, selbstfürsorglich und können sich hervorragend selbst regulieren. Doch in jedem Fluss gibt es auch Steine und Geröll. Das sind die Traumata und Verletzungen, die stattfinden oder stattgefunden haben. Diese können nun die sicheren Grenzen des Flusses durchbrechen und zerstören, sodass der Fluss übers Ufer tritt und es bei Übererregung/Gefahr zu einer Kampf- oder

Im harmonischen Auf und Ab des Lebensflusses floaten

Fluchtreaktion mit Aktivierung des Sympathikus kommen kann. Diese kann bis hin zum Hyperarousal gehen. Übererregung, Angstreaktionen, Panik, agitierte Depression, Wut und Hypertonus sind die Folge.

Sind bei einer komplexen Traumatisierung Flucht oder Kampf nicht mehr möglich, kommt es zu einer Art »Untererregung« – mit Erstarrung, Unterwerfung und Totstellreflex. Diese äußert sich auch als Lethargie, Burn-out, chronischer Schmerz, schwere Depression oder Hypotonie und kann eine Dissoziation bis hin zur Psychose nach sich ziehen.

Ziel ist es, die Ufer wieder zu stabilisieren und das harmonische Auf und Ab im Lebensfluss erneut in Gang zu bekommen, also Kohärenz, Flow, Selbstregulation und Integration wiederherzustellen, das heißt, die Aktivierung des ventralen Vagus anzukurbeln. Dazu ist es wichtig, ein Gefühl von Sicherheit zu vermitteln, das Geschehen zu verlangsamen, ruhig, tief, sanft und bedacht zu sprechen, langsam und bewusst zu atmen und auch mit körperlichen Stabilisierungsübungen die Alarmstimmung im Nervensystem herunterzufahren. So wird der Zugang zu den Kraftquellen und Ressourcen aufs Neue möglich.

Gezielte Übungen zur Aktivierung des ventralen Vagus (also ein »Vagustraining«, um überschießende Sympathikusreaktionen wieder herunterzufahren und den dorsalen Vagus zu dämpfen) sowie weitere Stabilisierungsübungen folgen in den nächsten Kapiteln.

4 GEBEN SIE IHREM LEBEN EINE NEUE, KONSTRUKTIVE RICHTUNG

Wenn Sie diesen Übungsteil intensiv nutzen, können Sie Ihr Leben für immer verändern. Indem Sie konstruktiv sprechen und denken sowie das, was Sie sich stimmiger wünschen, aktiv gestalten, geben Sie Ihrem Leben die ersehnte, erträumte Richtung. Lassen Sie die Vergangenheit hinter sich! Das Leben findet jetzt, in diesem Augenblick statt. Nehmen Sie sich in der Gegenwart bewusst wahr und richten Sie Ihren Blick auf die Zukunft.

Um sich selbst oder bestimmte, wenig förderliche Situationen zu verändern, Beziehungen neu zu gestalten, berufliche Ziele zu erreichen und ganz spezifische Herausforderungen in der Zukunft zu meistern, ist es sinnvoll, konstruktiv zu denken und zu sprechen. Dafür ist es gut, sich »einen Werkzeugkasten« hilfreicher Techniken zuzulegen, um die gewünschten Veränderungen anzugehen, sie zu vertiefen und erfolgreich in die Zukunft zu transferieren. Diesen Werkzeugkasten können Sie dann je nach Bedarf modifizieren und optimal an die jeweilige Herausforderung anpassen.

Hilfreiche Techniken

Techniken wie das Vagustraining, körperliche Stabilisierungsübungen, das »Tappen« und das Herbeiführen einer leichten Trance (Selbsthypnose) sind Ihre Werkzeuge im Werkzeugkasten – sie werden in den folgenden Abschnitten vorgestellt und genau erklärt.

Nachdem Sie mit den genannten Techniken ein stabiles Ausgangsniveau erreicht haben, auf dem Ihr Geist frei und kreativ arbeiten kann, erfolgt die Neugestaltung einer gewünschten Veränderung nach folgendem Schema:

Grundschema der Neugestaltung

- Gehen Sie in eine leichte Trance.
- Rufen Sie die herausfordernde Situation auf, die Sie bewältigen möchten.
- Stellen Sie sich vor, welche Ihrer Eigenschaften/Ressourcen Sie vor allem benötigen, um diese Angelegenheit erfolgreich zu bewältigen.
- Suchen Sie dann eine Situation in der Vergangenheit auf, in der Sie genau diese Ressource durch und durch erfolgreich besessen/eingesetzt haben.
- Verinnerlichen und vertiefen Sie diesen Erfolg mit allen Sinnen und transferieren Sie ihn dann in die Gegenwart und Zukunft.
- Stellen sich nun mit allen Sinnen vor, wie Sie diese Situation in der Zukunft meistern, und sonnen Sie sich in Ihrem Erfolg.
- Verankern Sie diesen und geben Sie dem Ganzen zusätzlich ein Codewort.

Wenn Sie sich nun in diese herausfordernde Situation begeben, haben Sie diese ja sozusagen schon einmal erfolgreich bewältigt und mit Bravour bestanden. Es ist also keine Premiere, sondern Sie können darauf vertrauen und sich fest darauf verlassen, dass Sie auch dieses Mal Erfolg haben werden, und ganz ruhig, gelöst und entspannt der Herausforderung entgegenblicken.

Bevor Sie darangehen, sich selbst oder bestimmte Situationen in Ihrem Leben zu verändern oder Beziehungen neu zu gestalten, ist es jedoch wichtig, dass Sie sich erst einmal *ganz genau* bewusst machen, *was* Sie erreichen möchten. Es geht darum, die eigene Kraft gezielt einzusetzen, sich der eigenen Ressourcen bewusst zu werden, eine klare Zielvorstellung zu entwickeln – und dann erst zu starten. Bleiben Sie dabei auch unbedingt realistisch!

Oft wünschen sich Menschen, dass alle ihre Symptome auf einmal verschwinden sollen, oder sie folgen einer hohen Idealvorstellung, die sie unbedingt erreichen möchten. So verständlich und ehrenwert ein solches »Sehnsuchtsziel« auch ist, so unrealistisch ist es doch oft. Und wenn Sie es nicht erreichen, mit dem Ausgang alles andere als zufrieden sind, fördern Sie dadurch keineswegs Ihr Selbstvertrauen.

Mal angenommen, Sie leiden unter Ängsten. Dann ist es nur allzu verständlich, dass Sie diese loswerden wollen – jetzt, sofort und am besten gleich zu 100 %!

Doch wenn Sie sich ständig auf das Loswerden konzentrieren, liegt Ihre Aufmerksamkeit nicht bei der Lösung, sondern zu einem Großteil bei der Angst – also dort, wo Sie ja gar nicht hinwollen. Und vielleicht ist es sogar sinnvoll, ein wenig Angst zu haben, da diese durchaus aktivierend wirkt, solange Sie sich davon nicht überschwemmen lassen.

Also denken Sie einmal darüber nach, ob Sie Ihre Ziele (z.B. eine Rede zu halten) nicht auch *mit* Ihrer Angst erreichen können und es daher durchaus genügt, die Stärke der Angst ein wenig zu reduzieren, um handlungsfähig zu bleiben.

Ich möchte Ihnen Ihre Ideale gar nicht ausreden. Diese sind wichtig, als eine Art Richtschnur, wo Sie hinwollen, doch machen Sie sich stets klar, dass es Ideale sind. Auch wenn sie nicht voll und ganz erreichbar sind, dienen sie doch als Leitbilder und zeigen Ihnen Ihren Weg. Machen Sie also zunächst einen kleinen Schritt, den Sie leicht bewältigen können, in dem guten Gefühl, dass das Ideal gar nicht erreicht werden muss. Wenn Ihnen das gelingt, gewinnen Sie an Zuversicht und gehen vertrauensvoll zum nächsten Schritt und zum nächsten ... So surfen Sie auf der Welle des Erfolges unverzagt Ihrem Ziel entgegen und gewinnen immer mehr Selbstvertrauen.

Dabei ist es hilfreich, die bewusste und die unbewusste Ebene stets miteinzubeziehen – also nicht nur zu betrachten, was auf der Hand zu liegen scheint, sondern sich auch die Zeit zu nehmen, in einer leichten Trance nach inneren Bildern, Inhalten, Bedürfnissen und Wünschen Ausschau zu halten, die aus Ihrem Inneren aufsteigen mögen.

Manchmal lösen sich Dinge, die Sie verändern wollen, tatsächlich »wie im Schlaf«. Versuchen Sie doch einmal, vor dem Einschlafen Ihr Unbewusstes um Rat zu bitten, ob ihm eine Lösung zu einem bestimmten Sachverhalt einfällt. Dann denken Sie ganz bewusst nicht weiter darüber nach, sondern lassen sich davon überraschen, was als Geschenk am nächsten Morgen gewissermaßen auf Ihrem Kopfkissen liegt. Das funktioniert oft erstaunlich gut.

Der bewusste Verstand ist nämlich nur ein kleiner Teil des »Gesamtpakets« unseres Bewusstseins – sozusagen lediglich die Spitze des Eisbergs, die aus dem Wasser ragt. Unser Unbewusstes kennt uns viel besser, nimmt feine Nuancen wahr, die der bewusste Verstand übersieht. Wir kennen das von unserer Intuition. Im Traum und in einer leichten Trance ist der bewusste Verstand deutlich zurückgefahren, und das Unbewusste, Kreative kann sich frei entfalten.

>> *Der intuitive Geist ist ein heiliges Geschenk und der rationale Verstand ein treuer Diener. Wir haben eine Gesellschaft erschaffen, die den Diener ehrt und das Geschenk vergessen hat.* << (Albert Einstein)

Oft hindert uns der bewusste Verstand sogar am Finden von Lösungen. Daher ist es sinnvoll, nicht lange über etwas nachzugrübeln, sondern lockerzulassen und dem hilfreichen und klugen Teil unseres Unbewussten zu vertrauen.

Ein Beispiel, das Sie alle kennen:

Im Radio läuft ein Lied, das Sie schon hundertmal gehört haben. Der Titel liegt Ihnen auf der Zunge, Sie können ihn fast greifen, doch er fällt Ihnen partout nicht ein. Je mehr Sie sich ärgern und darüber nachdenken, desto weiter scheint er wegzurutschen. Wenn Sie jedoch aufhören, darüber nachzudenken, fällt Ihnen der Titel nach ein paar Minuten oder Stunden ganz plötzlich ein.

Wie kommt das?

Eigentlich haben Sie das Ganze dann schon längst vergessen. Während Sie sich etwas anderem zugewandt haben, hat Ihr Unbewusstes jedoch den Auftrag angenommen und für Sie nach einer Lösung gesucht – und sie gefunden. Ich habe dies schon unzählige Male selbst probiert, weil es so elegant und kräfteschonend ist. Während Sie also nicht weiter darüber nachdenken und einfach Ihren Alltag fortsetzen, ist das Unbewusste wie ein nützlicher Helfer, oder gar als Detektiv, für Sie tätig.

Der bewusste Verstand blockiert uns in solchen Fällen oft. Häufig ist es viel sinnvoller, ihn zurückzurufen und der inneren Stimme, der Intuition

Beachtung zu schenken. Viele versuchen es jedoch genau umgekehrt: Sie trauen ihrer Intuition nicht mehr, überhören die Hinweise ihrer inneren Stimme und folgen nur noch ihrem bewussten Verstand.

Doch das Unbewusste weiß oft sehr viel besser als dieser, was Sie wirklich brauchen, um frei und gelöst zu leben. Und vor allem ist es auch ungleich schneller. Bevor Sie auch nur anfangen, über etwas nachzudenken, hat das Unbewusste eine Vielzahl von Informationen aufgenommen und diese blitzschnell eingeordnet und bewertet.

Im Fall einer gefährlichen Situation kann dies lebensrettend sein. Sie wissen gar nicht so recht, warum Ihr Unbewusstes Sie warnt, doch es weiß sehr viel mehr als Sie und verfügt über Informationen, die beim bewussten Verstand noch gar nicht angekommen sind. Bis dies der Fall ist, wenn überhaupt, könnte es längst zu spät sein.

Hören Sie also genau hin!

Um ein optimales Ergebnis zu erreichen, ist es sinnvoll, neben anderen ergänzenden Psychotherapietechniken vor allen Dingen die Selbsthypnose zu erlernen, denn durch eine leichte Trance kommen Sie viel einfacher an unbewusste Inhalte heran, nutzen diese sinnvoll, entspannen sich und sorgen so gleichzeitig für Ihr körperliches Wohlgefühl. Durch diese körperlich-geistige Entspannung bereiten Sie Ihren Geist und Körper bestmöglich auf Veränderungen vor. Die Zentren im Gehirn, die bei Angst und Furcht das Denken blockieren könnten, fahren Sie so herunter. Auf diese Weise emotional gelöst kann Ihr Großhirn Erlebtes verarbeiten und neu integrieren.

Doch nicht nur hypnotherapeutische Techniken sind hier äußerst hilfreich, sondern auch, wie schon erwähnt, das Vagustraining, körperliche Stabilisierungsübungen sowie das Tappen. Grundlagen der systemischen Therapie und das Achtsamkeitstraining fließen ebenfalls mit ein.

Doch bevor wir uns nun den spezifischen körperlichen Stabilisierungsübungen zuwenden, hier noch ein paar nützliche Tipps, um wieder in den Lebensfluss zu kommen.

Vagustraining

Das Vagustraining dient dazu, den ventralen Vagus zu aktivieren und zu stärken, eine überschießende Sympathikusreaktion zurück ins Lot zu bringen und aus der dorsalen Vagusaktivierung herauszufinden.

Sie können aktiv dazu beitragen, in der Mitte des Lebensflusses zu bleiben, indem Sie sich jeden Tag ein wenig Zeit für sich selbst nehmen und ein paar der unten genannten Punkte umsetzen.

Tägliche Selbstfürsorge durch Vagustraining

Im Lebensfluss / in der Mitte bleiben:

- bewusstes, lockeres, entspanntes Atmen (Bauchatmung)
- langsame Musik (Klassik), ruhige Stimmen hören
- Haustiere umsorgen
- körperliche Berührung (Umarmung, Massage)
- Bewegung in der Natur
- Zeit für sich selbst
- Umgang mit wohlwollenden Menschen
- erfüllende, kreative Hobbys
- gutes Essen und Trinken.

Übererregung (den Sympathikus) ausgleichen (»runterkommen«):

- körperlich aktiv werden, Sport machen (laufen, Rad fahren), tanzen
- heiß und kalt duschen
- ein Gespräch mit Freunden suchen, »Dampf ablassen«
- bewusst atmen im eigenen Atemrhythmus, dann allmählich ruhiger werden
- die Hand aufs Herz legen, den Herzschlag spüren und allmählich langsamer werden lassen.

Die dorsale Vagusaktivierung lösen, sich wieder aufrichten:

- Bilder von Geborgenheit, Ruhe und Sicherheit aktivieren (eventuell in einer leichten Trance)
- Wärme und Zuwendung durch andere Menschen erfahren
- weinen, »es fließen lassen«, den Gefühlen Raum geben
- sanfte körperliche Berührung, sanfte Massage
- warme Bäder
- schlafen
- Atemübungen machen
- klassische Musik hören
- Bewegung (in der Natur), Taiji oder Qigong.

Sicher setzt jeder andere Schwerpunkte. Für mich ist (klassische) Musik besonders wichtig. Neuere Forschungen zeigen, dass sie im Gehirn (im präfrontalen Kortex) positive Emotionen auslösen kann. Es gibt aber auch weitere heilende Effekte. So ist zum Beispiel bei Epilepsie-Patienten eine beruhigende Wirkung zu beobachten. Dies gilt vor allen Dingen für melodische, ruhige Stücke, wie zum Beispiel solche von Wolfgang Amadeus Mozart.

Überlegungen zur inneren Haltung

- Am Morgen: Was liegt heute Schönes, Erfüllendes vor mir? Wie möchte ich meinen Tag gestalten?
- Tagsüber: Wie kann ich mir und anderen eine Freude bereiten? Achte ich genug auf mich und meine Bedürfnisse?
- Vor dem Schlafen: Was ist mir heute gelungen? Wofür bin ich dankbar?

Bevor Sie nun ganz spezifische, hilfreiche Techniken kennenlernen, möchte ich Ihnen noch ein paar körperlich-geistige Stabilisierungsübungen vorstellen, die schon für sich allein so etwas wie eine kleine Psychotherapie darstellen. Sie können sie in Ihrem normalen Tagesprogramm zur Entspannung einbauen, zur Einleitung einer leichten Trance nutzen und natürlich auch stets, wenn es darum geht, maßgeschneiderte Lösungen für das zu finden, was Sie verändern, verbessern oder neu gestalten wollen.

Stabilisierungsübungen

Vielleicht in einer Pause am Arbeitsplatz, wenn Sie darüber nachdenken möchten, wie Sie Ihr Leben erfüllter leben wollen, oder wenn Sie sich einfach mal ein paar Minuten Zeit für sich selbst nehmen, versuchen Sie doch einmal die folgende Übung.

Mit der nahen Umgebung bewusst Kontakt aufnehmen

Setzen Sie sich auf einen bequemen Stuhl oder Sessel mit Rückenlehne, stellen Sie beide Füße (möglichst barfuß) auf den Teppich oder Boden auf und geben Sie damit leichten Druck in den Untergrund.

Geben Sie Ihr Gewicht dann ganz bewusst an die Sitzfläche des Stuhls oder Sessels ab und spüren Sie da hinein. Legen Sie Ihre Hände mit den Handflächen nach unten auf den Oberschenkeln ab und ziehen Sie die Schultern nach hinten unten ein wenig zurück, sodass sich der Brustkorb »öffnen«, weiten kann.

Verlängern Sie nun Ihre Wirbelsäule ein wenig und heben Sie den Kopf so weit an, dass das Kinn ganz gerade ist und zu Ihrem Rumpf einen Winkel von etwa 90° bildet, dass Sie mit den Augen frei in den Raum blicken können.

Schauen Sie sich jetzt um und betrachten Sie die Möbel, Pflanzen oder Gegenstände um Sie herum. Verharren Sie so ein wenig und genießen Sie Ihre Pause.

Eine ähnliche Übung gibt es im Qigong.

»Stehen wie ein Baum«

Sie stellen sich mit leicht gebeugten Knien hin, die Beine etwas auseinander, und stellen sich vor, dass Ihre Beine tief in der Erde verwurzelt sind, sodass Sie festen Halt unter den Füßen haben (falls Ihnen leicht schwindelig wird, bitte mit offenen Augen, sonst gern mit geschlossenen).

Diese Übung machen Sie für ein paar Minuten und konzentrieren sich dabei nur auf Ihren innigen Kontakt mit der Erde.

Und nun noch eine Übung zur Atmungsregulierung.

Den Atem beruhigen

Atmen Sie langsam und ruhig ein. Halten Sie den Atem kurz an und atmen Sie dann betont langsam – doppelt so lang wie beim Einatmen – durch den leicht geöffneten Mund aus. Halten Sie wieder kurz den Atem an, bevor Sie von Neuem starten.

Wichtig ist, dass die Ausatemphase mindestens doppelt so lang ist wie das Einatmen und dass Sie am Ende jedes Ein- oder Ausatembogens die Luft ein wenig anhalten. Stellen Sie sich das Ganze am besten wie eine Welle vor.

Wechselatmung

Da die Atmung eine zentrale Rolle bei der Stabilisierung und Entspannung einnimmt, hier noch eine beruhigende Atemtechnik aus dem Yoga, die *Wechselatmung* oder »Nadi Shodhana Pranayama«.

Vorteil: Die Übung ist kurz (kann aber auch länger durchgeführt werden) und ist immer und überall ohne Hilfsmittel durchführbar. Durch die Wechselatmung sorgen Sie für mehr Ruhe, Gelassenheit, Freude und Harmonie sowie für eine bessere Konzentration. So lösen Sie Blockaden und Spannungen und aktivieren Ihr ventrales Vagussystem, das dann Ihren Körper auf Erholung umschalten kann. Blutdruck, Atem- und Herzfrequenz sinken. Die Yogis sagen sogar, dass durch das Wiederherstellen der emotionalen Balance Ängste und Unsicherheiten deutlich vermindert werden, dass sämtliche Körperfunktionen harmonisiert werden sowie Erkältungen und Allergien vorgebeugt wird. Sogar Asthma lasse sich durch die Verbesserung der Lungenkapazität positiv beeinflussen. Zusätzlich ist es ein gutes Herz-Kreislauf-Training. Probieren Sie es doch einfach mal aus! Sie können die Übung für sich allein oder auch zur Einleitung einer Trance (Tranceinduktion) nutzen.

Und so wird es gemacht:

- Setzen Sie sich bequem auf einem Stuhl oder auf den Boden, ohne sich anzulehnen – wenn Sie Yoga-erfahren sind, auch gerne in den Lotussitz –, den Rücken gerade und entspannt.
- Legen Sie die linke Hand auf dem Oberschenkel ab, die Handfläche zeigt nach oben. Schließen Sie die Spitze des Zeigefingers und des Daumens der linken Hand zu einem Ring. Die restlichen Finger bleiben entspannt ausgestreckt.
- Schließen Sie die Augen und konzentrieren Sie sich auf Ihr Inneres.
- Vorgehensweise: Legen Sie den rechten Daumen auf den rechten Nasenflügel und halten Sie damit das rechte Nasenloch zu. Atmen Sie durch das linke Nasenloch ein. Halten Sie kurz die Luft an und nehmen Sie den Daumen dann wieder herunter.

Legen Sie anschließend den Ringfinger der rechten Hand auf den linken Nasenflügel und halten Sie dieses Nasenloch zu. Atmen durch das rechte Nasenloch aus. Pause. Atmen Sie nun, ohne die Finger zu wechseln, rechts wieder ein. Pause.

Dann halten Sie wieder mit dem rechten Daumen das rechte Nasenloch zu und atmen links aus. Pause. Links einatmen. Pause. Fingerwechsel und so weiter. Nach kurzer Zeit geht Ihnen das ganz leicht von der Hand. Sie atmen also immer durch dasselbe Nasenloch aus und wieder ein, danach wechseln Sie die Fingerhaltung.

Machen Sie die Atempausen am Anfang eher kurz (etwa 2 Sekunden) – so, wie Sie es angenehm finden und entspannt bleiben können. Dann können Sie die Pausenzeiten allmählich auf 5 Sekunden oder mehr steigern. Anfangs sollten Sie nur wenige Augenblicke üben, später bis zu 30 Minuten. Wenn Sie sich nicht mehr wohlfühlen oder einen leichten Schwindel bekommen, beenden Sie bitte die Übung und kehren Sie zu Ihrem üblichen Atemrhythmus zurück.

Seufzen

So banal dies auch klingen mag: Seufzen, am besten mit offenem Mund, entspannt sofort, indem es den ventralen Vagus aktiviert. Und schauen Sie einmal nach dem Seufzen nach, wo Ihre Schultern nun sind und wie sie sich anfühlen. Sie werden es bemerken: deutlich entspannter und weiter unten!

Gähnen

Gähnen genießt in unserer Gesellschaft zu Unrecht einen nicht so vorteilhaften Ruf. Dabei ist es äußerst nützlich. Es regt kognitive Funktionen an, erhöht die Abrufbarkeit von Erinnerungen, steigert die Fähigkeit innere Prozesse (Selbstreflexion) wahrzunehmen, und hilft durch eine Reihe von Neurotransmittern (vor allem Serotonin, Dopamin und körpereigene Opioide), die beim Gähnen beteiligt sind, bei der Verarbeitung und Neustrukturierung von Erkenntnissen. Es erhöht die Wachsamkeit und Konzentration, außerdem kann es Stress ganz erheblich vermindern. Es fördert das Einfühlungsvermögen, die sinnliche Wahrnehmung und das soziale Bewusstsein.

Den beiden US-amerikanischen Hirnforschern Andrew Newberg und Mark Waldman zufolge ist es so ziemlich das Beste, was wir für uns und unser Gehirn tun können, wenn wir herzhaft gähnen. Da es gewissermaßen

»ansteckend« ist, könnte man es sogar als eine primitive Form von Empathie begreifen.

Gähnen Sie daher, sooft Sie mögen, herzhaft und mit weit offenem Mund: wann immer Sie die positiven Effekte des Gähnens brauchen oder wenn Sie sich entspannen, wieder ausbalancieren und Ihre Gefühle ins Lot bringen wollen. Manchmal bedarf es ein wenig Übung, da Sie vielleicht eine Weile brauchen, bis Sie das Gähnen als durch und durch positiv verinnerlicht haben. Ermuntern Sie ruhig auch Ihre Mitmenschen, es einmal auszuprobieren! Es lohnt sich!

Strecken

Haben Sie schon einmal Hunde oder Katzen am Morgen beobachtet, wie sie sich genüsslich recken, strecken und sich dehnen? Gleich nach dem Aufstehen, nach einer längeren Hypnoseübung oder einer langen Sitzung am Arbeitsplatz ist das intensive Recken und Strecken, in Verbindung mit Seufzen und Gähnen, eine wunderbare Möglichkeit, sich etwas Gutes zu tun und Kraft zu tanken.

Mit dem Körper Kontakt aufnehmen

Als Rechtshänder: Stecken Sie Ihre rechte Hand unter die linke Achsel und streichen Sie dann mit Ihrer linken Hand sanft an der Außenseite des rechten Oberarms entlang. Tun Sie dies langsam, bedächtig und ruhig (als Linkshänder bitte umgekehrt). Gerne dürfen Sie auch die Seiten wechseln, wenn Ihnen das angenehmer ist.

Sich groß machen / Freiraum gewinnen

Stellen Sie sich mit nackten Fußsohlen auf eine feste Unterlage und nehmen Sie bewusst Kontakt mit dem Untergrund auf. Dann strecken Sie Ihre Arme in die Höhe, machen sich groß und immer größer und stellen sich sogar auf die Zehenspitzen, um noch größer zu werden. Nehmen Sie Ihre Größe einmal bewusst wahr.

Dann senken Sie Ihre ausgestreckten Arme bis auf Schulterhöhe, strecken sie gerade vor sich aus und winkeln Ihre Hände so an, als wollten Sie etwas von sich wegschieben oder »Halt! Stopp!« sagen. Schließlich beschreiben Sie mit den ausstreckten Armen (die Hände noch immer angewinkelt) beidseitig einen Halbkreis rund um sich herum, indem Sie die Arme langsam von vorne nach hinten führen. Es geht also darum, einen geschützten Freiraum um sich selbst zu ziehen. Gerne können Sie sich alternativ – mit den weiterhin auf Schulterhöhe ausgestreckten Armen – einmal um die eigene Achse drehen und so den Kreis um sich herum vollenden.

Dann schließen Sie für einen Moment die Augen und stellen sich vor, dass alles, was Sie tun und erledigen wollen, alles, was Sie noch an Anliegen lösen wollen, in diesem guten Abstand zu Ihnen bleibt, sodass Sie stets die Übersicht behalten, genügend Luft zum Atmen haben und Ihr ureigenster Raum frei für Sie bleibt.

Die Faust ballen

Manchmal hilft es auch, die Faust zu ballen, sich aufzurichten, sich also ganz bewusst großzumachen (was auf andere oft sehr eindrucksvoll wirkt), und dann mit einem tiefen Ausatmen (Seufzen) die Spannung schlagartig loszulassen.

Beruhigendes bilaterales Tappen

Auf das »Tappen«, das Klopfen, gehe ich gleich noch etwas ausführlicher ein. An dieser Stelle sei es nur kurz erwähnt, weil es ebenfalls zu den wichtigen körperlich-geistigen Stabilisierungsübungen gehört.

Hinterhauptsberührung

Sie kennen das sicher: Sie wollen einen Augenblick für sich sein, müssen über irgendetwas nachdenken, sind erschöpft, haben Schmerzen oder wollen sich kurz ausruhen. Was machen Sie? Sie legen Ihre Hand auf die Stirn und schließen die Augen – ganz automatisch und intuitiv richtig, wie unser Körper meist von sich aus das Richtige tut! Das können wir uns zunutze machen.

Eine der einfachsten und wirkungsvollsten Methoden, um Stress zu reduzieren, ist die Hinterhauptsberührung: eine kombinierte Berührung von Stirn und Hinterkopf. Sie kommen zur Ruhe, balancieren sich wieder aus und sammeln sich gleichzeitig. Stress und überschießende emotionale und/oder körperliche Reaktionen sowie Spannungszustände bringen Sie zurück ins Lot. Probieren Sie es einmal aus! Es tut unglaublich gut.

Als Rechtshänder (Linkshänder bitte genau umgekehrt) legen Sie die rechte Hand unten an den Hinterkopf, am Haaransatz, wo er in den Hals übergeht. Legen Sie Ihren Kopf vertrauensvoll (im wahrsten Sinne des Wortes) in Ihre Hände ab. Die linke Hand legen Sie nun mit der ganzen Fläche auf die Stirn und schließen die Augen. Erlauben Sie sich, einfach anzunehmen, was auch immer da ist, alles, was Sie gerade empfinden. Spüren Sie, wie Sie ruhiger werden ..., wie gut das tut!

Nehmen Sie nun ganz bewusst die Schultern ein wenig herunter und atmen Sie ein paar Mal tief durch. Dann nehmen Sie die linke Hand hinunter zum Herz, lassen sie dort einen Augenblick liegen und führen anschließend die rechte Hand hinunter zum Bauchnabel.

Behalten Sie diese Stellung einen Moment bei und öffnen Sie dann Ihre Augen wieder.

Gerne können Sie an dieser Stelle auch herzhaft gähnen, das regt die Verarbeitung im Gehirn an.

Richten Sie nun Ihre Gedanken auf das, was Sie möchten, auf das Ziel, das Sie erreichen möchten.

Drei Sekunden Zeit für mich

Gehören Sie zu den Menschen, die sagen, sie hätten zu gar nichts Zeit? Ich frage Sie jetzt – und das ganz im Ernst: Haben Sie drei Sekunden?

Dann schließen Sie jetzt Ihre Augen, nehmen die Schultern bewusst nach unten und gönnen sich eine Atempause – von drei Sekunden. Drei Sekunden ganz bei sich sein, das kann viel verändern!

Man weiß aus der Behandlung von Burn-out-Patienten, dass kurze Unterbrechungen des »rasenden Hamsterrades« – ein Blick aus dem

Fenster, einen Augenblick ganz mit sich sein – oft wirksamer sind als eine medikamentöse Behandlung oder eine längere Psychotherapie. Deswegen gönnen Sie sich diese Minipausen so oft wie möglich!

Doch nun noch ein paar weitere, spezielle Techniken!

Klopfen (»Tappen«)

Gefühle (wie z. B. Angst) bestehen und entstehen zum Teil aus Körperwahrnehmungen. Sie werden wie schon geschildert auch im Körper »gespeichert«. So bewirkt Angst z. B. ein Herzrasen, dessen Wahrnehmung wiederum die Angst verstärkt. Die Anspannung wiederum kann dann in der Muskulatur in Form von Verspannungen gespeichert werden. Deswegen ist es wichtig, immer auch den Körper miteinzubeziehen, wenn Sie bestimmte Stressemotionen lösen wollen. Das bilaterale Tappen stammt aus dem EMDR[2] und wird bei vielen psychotherapeutischen Verfahren unterstützend eingesetzt. Bilateral meint, dass beide Körperseiten und damit beide Gehirnhälften angesprochen werden.

Wie funktioniert das bilaterale Tappen? Durch die beidseitige neuronale Stimulierung des Gehirns sollen die blockierten Verbindungsstellen zwischen den Nerven (Synapsen) wieder aktiviert und ins Fließen gebracht werden. Dies geschieht zum Beispiel beim abwechselnden Klopfen auf die Oberschenkel oder im Schulterbereich, bei bilateral über Kopfhörer eingespielten Tönen oder auch über Augenbewegungen, beispielsweise von rechts nach links und zurück, während Sie sich gleichzeitig mit Tatsachen oder Ereignissen beschäftigen, von denen Sie sich lösen möchten. So entsteht Raum für Reorganisation und Integration. Negative Gefühle werden gelöst und festgefahrene Glaubenssätze gelockert. Das Ereignis bleibt zwar im Bewusstsein, löst aber keine Belastung oder Symptome mehr aus.

Durch bilaterales Tappen reorganisieren

Zu Beginn jedes Veränderungsprozesses betrachten Sie erst einmal das, was Sie verändern wollen. Um im Gehirn die damit verbundenen Netzwerke nicht

2 EMDR steht für: Eye Movement Desensitization and Reprocessing (Desensibilisierung und Verarbeitung durch Augenbewegung). Es handelt sich um eine traumatherapeutische Methode, die von Dr. Francine Shapiro Ende der 1980er-Jahre in den USA entwickelt wurde.

allzu sehr zu aktivieren, halten Sie sich dort nicht lange auf, sondern wenden sich sobald wie möglich Ihren gewünschten Zielen zu.

Und so wird es gemacht:

> Schon während dieses Findungsprozesses, aber insbesondere während der weiteren Beschäftigung mit dem, was Sie lösen wollen, klopfen Sie abwechselnd rechts und links: üblicherweise mit den aufliegenden Unterseiten der Hände auf Ihre Oberschenkel oder auch gerne mit gekreuzten Armen vor Ihrer Brust abwechselnd rechts und links auf Ihre Schultern.

Dadurch lösen Sie schon jetzt in Ihrem Gehirn Prozesse aus, die eine Lockerung von Fixierungen und eher schädlichen Haltungen bewirken und so eine gelungenere Reorganisation und Integration vorbereiten. So kann Raum entstehen für die Entwicklung neuer Sicht- und Erlebensweisen.

Kennen Sie das?

Bei Situationen, die Sie als traumatisch bewerten, oder bei einer angstbesetzten Prüfung kann Ihr Denken plötzlich vollkommen blockiert sein. Woher kommt das?

Beim Eintauchen in hochbelastete Situationen fährt sich das Großhirn weitgehend zugunsten des »Furchtzentrums« (Amygdala) und des Hippocampus herunter. Koordiniertes Denken ist dann oft nicht mehr möglich.

Durch bilaterales Stimulieren (das Klopfen) lockern Sie diesen Abschaltprozess und können wieder befreit und gelöst denken. Der Informationsaustausch im Großhirn, besonders im sogenannten präfrontalen Kortex, verbessert sich und das »Furchtzentrum« kann wieder zurücktreten. Das Großhirn gewinnt seine Kompetenz und Steuerungsfähigkeit zurück. Diese Veränderungen der Gehirnaktivität lassen sich heute durch bildgebende Verfahren nachweisen.

Wollen Sie folglich eine solche Situation lösen, ist ein erneutes Eintauchen in den »Stress« überflüssig, ja sogar kontraproduktiv, denn dieses »trainiert« und vertieft ihn lediglich erneut.

Tappen Sie, sooft Sie können. So kommt es zu einer bipolaren Stimulierung und Sie lockern alteingefahrene Muster und verschalten Ihr Gehirn neu. Dabei programmieren Sie dieses nicht einfach nur um, sondern Ihr Körper bildet tatsächlich neue Nervenzellverbindungen, wenn Sie klopfen und so einen Lernprozess durchlaufen.

Selbstsuggestion

Damit Sie es schaffen, sich in eine ruhige, entspannte Situation – die Grundvoraussetzung für jede Veränderung – zu versetzen, ist es hilfreich und sinnvoll, Grundzüge von hypnotherapeutischen Entspannungstechniken zu erlernen.

So stellen Sie einen guten Kontakt zu Ihrem Unbewussten her, rufen hilfreiche Ressourcensituationen mit lebendigen, inneren Bildern auf, verwerten Inhalte neu und führen gesundere Erlebensweisen ein. Außerdem erlangen Sie auf diese Weise wieder mehr Kontrolle über sich und Ihren Körper. Hypnose führt nämlich – anders, als dies die meisten glauben – zu einem deutlichen Zugewinn an Kontrolle. Jede Suggestion ist lediglich eine Einladung – Sie haben die Freiheit, ihr zu folgen oder auch nicht. Und dies gilt natürlich für die Selbstsuggestion noch viel mehr, denn dort sind Sie es ja ganz allein, der sich die Suggestionen gibt.

Wenn Sie sich jeden Tag nur etwa fünf bis zehn Minuten Zeit für Ihre persönliche Psychohygiene nehmen, um sich in diesen wunderbaren Entspannungszustand zu versetzen, senken Sie schon allein dadurch Ihre Stresshormone, schlafen erholsamer und sind ausgeglichener. Es ist also ein mehr als heilsamer Vorgang für Körper und Geist.

Dabei ist es wichtig, locker zu bleiben. Wenn sich ein gewünschtes Phänomen einstellt: wunderbar; wenn nicht: bleiben Sie gelassen; vielleicht ereignet es sich ja später, oder es gibt einen wichtigen inneren Grund, dass sich bestimmte Phänomene nicht sofort zeigen. Ihr Körper und Ihr Geist wissen schon, wann die richtige Zeit ist, sich auf bestimmte Dinge einzulassen.

Nehmen Sie sich Zeit für sich selbst!

Wenn Sie das Ganze nun noch mit dem Klopfen verbinden, haben Sie eine optimale Ausgangsbasis für rasche und nachhaltige Veränderungen.

Wie geht das nun mit der Selbsthypnose?

Zu Beginn jeder Übung schließen Sie die Augen, tappen bilateral, richten Ihre Aufmerksamkeit nach innen und erlauben sich, ganz bei sich zu sein.

Grundsätzlich geht das natürlich auch mit offenen Augen, wenn dies angenehmer für Sie ist, aber geschlossene Augen erleichtern Ihnen den Blick nach innen.

Nehmen Sie sich Zeit!

Sagen Sie sich ganz bewusst: »*Ich nehme mir jetzt ein paar Minuten für mich, um nachher umso frischer in meinen Alltag zurückzukehren*« – und was gestern, heute früh oder gerade eben noch wichtig war, rückt nach und nach in die Ferne wie Wolken am Himmel, die weiterziehen und immer kleiner und kleiner werden, bis es nur noch winzige Pünktchen sind und ein strahlend blauer Himmel zurückbleibt.

Bleiben Sie dabei locker, entspannt und neugierig auf das, was kommt. Alles, was geschieht oder auch nicht geschieht, ist willkommen und dient zu Ihrem Besten! Ihr Unbewusstes weiß genau, was Sie brauchen!

Und nun geht es los! Fremd- oder Selbsthypnose funktionieren beide nach demselben Prinzip: Sie versetzen sich in Trance, wenden sich dann vertrauensvoll an Ihr Unterbewusstsein und genießen in der Entspannung die Bilder, die es Ihnen schickt; Sie lösen ein bestimmtes Anliegen, suchen nach Ressourcen oder gelangen vom Stress zur Lösung.

Schließlich verankern Sie noch das Erlebte, erteilen Vorsätze oder Aufträge an das Unbewusste, die auch über das Ende der Hypnose wirksam sind, und kehren dann langsam durch eine bewusste Rücknahme wieder in das Hier und Jetzt zurück.

Dabei ist wichtig, dass Sie immer nur das tun, was gut für Sie ist. Sollte sich etwas für Sie nicht richtig anfühlen, dann lassen Sie es sein. Zum Beispiel ist es für manche Menschen nicht angenehm, sich schwerer und schwerer zu fühlen. Diese genießen es aber möglicherweise, federleicht wie auf Wolken zu schweben. Achten Sie also stets darauf, was gut für Sie ist, und passen Sie die Übungen, Ihren Bedürfnissen an.

Bereiten Sie sich vor!

Wenn Sie sich klargemacht haben, was Sie verändern oder wie Sie lieber sein, wie Sie sich lieber er-leben wollen, finden Sie eine Situation, in der Sie sich genauso schon einmal erlebt haben: genauso kompetent, so umsorgt, so geborgen und so weiter – je nachdem, welches Ziel Sie anstreben. Lassen Sie sich von Ihrem Unbewussten mit reichen Bildern beschenken! Dieser Findungsprozess ist schon für sich allein »Balsam für die Seele«.

Manchmal dauert es ein wenig, bis sich die Bilder und Erinnerungen einstellen, wenn Sie innerlich nicht wirklich frei, also eher auf der »dorsalen Seite« sind. Doch kaum taucht ein allererstes Bild, eine tragende Erinnerung auf, »purzeln« plötzlich immer mehr hilfreiche Bilder und Erinnerungen in Ihren Schoß. Suchen Sie dann das stärkste Bild aus, das möglichst keinen negativen Beigeschmack hat, keine ungute Konnotation, sondern zu einem sehr großen Teil oder sogar ganz ausschließlich positiv belegt ist. Denn wenn Sie zwar eine starke Erinnerung besitzen, zum Beispiel an Ihre Oma, aber gleichzeitig diese Oma nicht immer nett zu Ihnen war, würden Sie diese weniger hilfreichen Inhalte sonst beim Üben mitverschalten. Es gilt also, eine starke und möglichst durchgehend positive Erfahrung, Erinnerung oder Bildvorstellung aufzurufen.

Auch bei dem späteren Prozess des tiefen Hineinversenkens in neu gefundene Lösungen hilft dieses Abtauchen in Ihre Innenwelt durch die Trance. Sie ist außerdem eine äußerst wirksame Technik, um Ihre innerlich stattfinden Prozesse, Gedanken, Gefühle und körperlichen Veränderungen während des gesamten Veränderungsprozesses deutlicher wahrzunehmen und einzuordnen. Die (Selbst-)Hypnose ist also eine besonders nützliche Technik, die Ihnen hilft, Ihre Ziele zu erreichen.

Die neun Schritte der Selbsthypnose

1. Die Induktion
2. Die Atmung
3. Die Körperentspannung
4. Die Reise durch den Körper
5. Der sichere Ort
6. Die Vorsatzbildung und -nutzung
7. Die Verankerung
8. Der posthypnotische Auftrag
9. Die Rücknahme

1: Die Induktion

Die Induktion, also die Einleitung, ist Ihre Eintrittskarte in die Welt der Hypnose. Durch verschiedene Techniken gehen Sie in eine leichte Trance. Wählen Sie unter den nachfolgenden Vorschlägen denjenigen aus, der Ihnen am besten gefällt. Probieren Sie ruhig einmal verschiedene Induktionstechniken aus.

Sie können einzelne Teile auch auf Ihr Handy aufnehmen oder stellen sich mit einer der Induktionen aus den nachfolgenden Abschnitten eine eigene Hypnose zusammen. Hypnose ist etwas Fließendes. Seien Sie kreativ und gestalten Sie später dann auch Ihre eigene Trance!

Das Fixieren

Setzen oder legen Sie sich auf eine bequeme Unterlage und fixieren Sie einen Punkt an der Decke, in der Ferne oder an der Wand gegenüber. Die Augen bleiben dabei ganz entspannt und fixieren wirklich nur diesen einen Punkt. Versuchen Sie dabei den Lidschlag so gut wie möglich zu unterdrücken. Ihre Augen tränen dabei vielleicht ein wenig und ermüden. Das ist normal. Geben Sie dann einfach nach und schließen Ihre Augen.

Die folgende Induktion können Sie am besten im Sitzen ausführen. Sie eignet sich besonders, wenn Sie sich grundsätzlich gerne bewegen oder einfach innerlich noch nicht ruhig genug sind, um sich hinzulegen und die Augen zu schließen.

Der Baum im Sturm

Setzen Sie sich also auf einen bequemen Stuhl oder Sessel, ohne sich anzulehnen, sodass Ihr Oberkörper frei beweglich ist. Dann schließen Sie die Augen und stellen sich vor, dass genau durch Ihre Körpermitte vom Kopf bis zum Po eine senkrechte Linie hindurchgeht. Nun bewegen Sie Ihren Oberkörper schwungvoll (im tosenden Sturm) von rechts nach links über diese Mittellinie hinweg, wie ein Baum, der im Sturm hin- und herschwankt. Dann lässt der Sturm ein wenig nach, und Sie lassen Ihre Bewegungen allmählich immer kleiner werden. Sie spüren jedoch noch immer ganz genau, ob Sie rechts oder links von der Mittellinie sind. Bald sind die Bewegungen so minimal, dass sie von außen kaum noch zu erkennen sind.

Im Sturm in Balance bleiben!

Pendeln Sie sich dann in der gedachten Mittellinie ein, bis Sie eine vollkommene, bewegungslose Ruhe erreicht haben, Ihren Mittelpunkt. Dann lehnen Sie sich zurück und gehen ganz entspannt noch tiefer in die Trance.

Falls Sie zu Schwindel neigen, machen Sie diese Übung bitte mit offenen Augen.

Die folgende Übung ist besonders für eine Selbsthypnose im Liegen geeignet. Auch wenn Sie leichter einschlafen wollen, ist sie ideal. Die Entspannung erfolgt in drei Teilabschnitten.

Die weiche Welle

Schließen Sie wie gewohnt Ihre Augen und entspannen Sie nun bei »1« alle Muskeln von Ihrem Scheitel bis zur Mitte Ihres Brustbeins, gefolgt von einer angenehmen Wärme und Schwere oder – wenn dies angenehmer für Sie ist – einer federleichten Leichtigkeit. Ihre Entspannung breitet sich aus ... weiter und weiter ... von der Kopfhaut zur Stirn. Sie lockern die ringförmige Muskulatur um die Augen herum und leiten dann – wie ein Stein, der ringförmige Wellen auslöst, wenn er ins Wasser geworfen wird – diese Weichheit und Lockerung vom Kopf in den Körper hinein. Während Sie im oberen Teil Ihres Körpers eine wohlige Wärme spüren, bleiben Nase und Stirn angenehm frisch und kühl. Frische, sauerstoffreiche Luft streicht beim Einatmen sanft im Inneren Ihrer Nase entlang.

Nun entspannen Sie Ihr Kiefergelenk, indem Sie bewusst die Muskeln lockern. Der Mund darf dabei ein wenig aufklappen. Die Zunge liegt schwer und warm im Mund. Und nun wandert die angenehme Wärme, Entspannung und Schwere oder Leichtigkeit hinten über den Nacken hin zu den Schultern und dann den Rücken hinunter und vorne über den Brustkorb und bis zur Mitte des Brustbeins – wohlig warm, als würden Sie unter einer angenehm warmen Dusche stehen. Der Herzschlag und die Atmung verlangsamen sich, und Sie sinken wie von allein immer tiefer in die Entspannung.

Nun beenden Sie diesen Abschnitt und lassen dann die angenehme Wärme, Schwere oder Leichtigkeit und Ihre Entspannung bei »2« weiterlaufen – hinten über den Rücken und vorne über den Bauch und die inneren Organe im Bauchraum bis hinunter zum Po.

Alle Organe arbeiten ruhig, Herz und Kreislauf stabilisieren sich, der Darm und die Nieren entfernen alles, was nicht mehr gebraucht wird, aus dem Körper. Und das Wunderbare ist: All dies geschieht ganz von allein. Sie lassen ganz einfach los und sinken noch tiefer und tiefer in die Entspannung.

Vielleicht bemerken Sie einen leichten Tränenfluss oder einen etwas vermehrten Speichel oder gar ein Gluckern im Bauch. Dies ist ganz normal und sogar erfreulich; es bedeutet, dass das vegetative Nervensystem von der Anspannung, dem sympathisches Nervensystem, auf das »Entspannungsnervensystem«, das parasympathische, umgeschaltet hat. Der ganze Körper ist nun bis zu den Beinen angenehm warm und entspannt bei »2«. Nun beenden Sie auch diesen Abschnitt und wenden sich bei »3« Ihren Beinen zu.

Die weiche Welle fließt bei »3« über die Oberschenkel zu den Unterschenkeln und weiter zu den Füßen bis in die Zehenspitzen hinein und läuft dort ganz sanft aus, wie eine Welle am Strand. Und die weiche Welle nimmt alles mit, was es noch an Tagesresten gibt – alles, was Sie loswerden möchten, sodass nichts zurückbleibt, außer einer angenehmen, wohligen Wärme und einer tiefen, tiefen Entspannung.

Dann beenden Sie auch diesen Abschnitt und stellen sich nun vor, dass die weiche Welle bei »1« in Ihren Kopf eintaucht, dann bei »2« durch den ganzen Körper fließt, alle Organe weich umspült und mit Sauerstoff versorgt, bei »3« dann hinunterfließt bis zu den Fußspitzen, durch diese hindurch und schließlich sanft verebbt. Diese Welle lassen Sie so oft durch Ihren Körper laufen, wie es Ihnen guttut, bis Sie sich vollkommen wohlig-warm und geborgen fühlen.

Hier noch ein kurze und wärmend-emotionale Induktion:

Das vertraute Bild

Schließen Sie Ihre Augen und betrachten Sie in Gedanken das Bild eines geliebten Menschen, den Sie jedoch nur von hinten sehen. Sie betrachten die Gestalt, den Hinterkopf und spüren ein warmes Gefühl in Ihrem Inneren. Dann dreht sich die Person ganz langsam um und blickt Ihnen in die Augen und lächelt Sie an. Und in diesem Lächeln liegt so viel Liebe, dass Sie ganz unwillkürlich zurücklächeln.

Sie fühlen sich gesehen, wirklich gesehen, erkannt und geliebt. Und dann spüren Sie, dass dies gar nicht von außen kommt, sondern dass es Ihre Liebe ist, dass Sie so viel zu geben haben. Für sich und für andere …

2: Die Atmung

Ist Ihnen schon einmal aufgefallen, dass Sie bei jeder Entspannungstechnik lernen, zunächst Ihren Atem zu regulieren? Wenn Sie recht anspruchsvolle Aufgaben zu lösen haben, hilft es ungemein, ein paar tiefe Atemzüge zu nehmen. Der Volksmund kennt das längst: »Erst mal tief durchatmen« und dann …

Und natürlich ist die Regulierung des Atems auch bei der Selbsthypnose äußerst wichtig. Ruhiges Atmen signalisiert dem Körper: Alles ist in Ordnung. So geht er aus der wachsamen in eine entspannte Haltung. Nach und nach beruhigen Sie auf diese Weise Körper und Geist. Dabei wiegt, wie oben erläutert, eine Körperbotschaft immer mehr als das, was Sie sich bewusst mit der Kraft

Ihres Verstandes vornehmen. Wenn Sie sich also durch reine Willenskraft beruhigen wollen, aber dabei nicht ruhig weiteratmen, kommen Sie nicht zur Ruhe.

Umgekehrt geht das viel leichter. Selbst wenn Ihnen noch tausend Gedanken durch den Kopf gehen, beruhigen Sie Ihren Geist, indem Sie einfach ruhig weiteratmen und sich körperlich stabilisieren. So fahren Sie Ihre Stresshormone herunter. Sie fühlen sich wohler und wohler und von Atemzug zu Atemzug gelassener und ruhiger.

Wie Sie Ihre Atmung entspannen

Entspannen Sie Ihren Kiefer und öffnen Sie dabei leicht den Mund. Beobachten Sie zunächst Ihren Atem wie ein Beobachter von außen. Schauen Sie nur zu und lassen Sie alles einfach geschehen. Halten Sie dabei die Augen geschlossen und beobachten Sie die Auf- und Abwärtsbewegungen Ihres Brustkorbs, wie Ihr Atem anschwillt und abschwillt, gleich einer Welle. Ein konstanter Rhythmus ... immer ruhiger und ruhiger ... ein stetiges Auf und Ab ...

Und nun atmen Sie langsam ein (und zählen bis drei) und beobachten, wie die Welle ansteigt. Am Gipfelpunkt halten Sie einen Augenblick inne und ruhen sich aus, dann lassen Sie einfach los. Der Atem strömt nun wie von allein aus Ihrem offenen Mund heraus, der Brustkorb senkt sich und dann geht es hinunter ins Tal. Lassen Sie die Luftsäule einfach los, so wie ein Seufzen. Hinter Ihren geschlossenen Lidern folgen Ihre Augen dieser Wellenbewegung. Beim Einatmen auf den Gipfelpunkt der Welle hinauf ... und beim Ausatmen wieder hinunter. Nach oben und unten. Eingespannt zwischen diesen zwei Wendepunkten der Welle, den sicherheitsgebenden Polen, sodass Sie ganz geschützt sind.

Und dann, nach ein paar gelassenen Atemzügen, lassen Sie die Augen zur Ruhe kommen und spüren eine tiefe innere Gelassenheit, die von den Augen ausgeht und von dort in den ganzen Körper strömt.

Atmen Sie diese wunderbare Entspannung ganz tief in jede Zelle, jede Ritze des Körpers hinein, bis Sie ganz davon durchdrungen sind. Dann wenden Sie sich dem nächsten Punkt zu, der wohligen Entspannung Ihres Körpers. Nachdem Sie Ihren Atem zur Ruhe gebracht haben, weiten Sie nun die Entspannung auf Ihren ganzen Körper aus.

3: Die Körperentspannung

Beginnen Sie mit der Lockerung Ihrer Nackenmuskeln und gehen dann anschließend über zum Kiefer. Entspannen Sie bewusst die Kaumuskulatur. Die Zunge liegt gelöst im Mund. Der Kiefer darf leicht aufklappen. Von dort geht es zu den Augen, die wie dunkle Seen in ihren Höhlen ruhen. Lockern Sie die ringförmige Muskulatur um die Augen und lassen Sie die Entspannung über die Stirn zur Kopfhaut, dann über den Kopf hinunter in den Nacken und von dort in den ganzen Körper fließen: zu den Schultern, den Rücken hinunter, über den Brustkorb bis zum Bauch, zu Becken und Po.

Der Entspannung folgt eine wohlige Wärme und Schwere oder eine federleichte Leichtigkeit – je nachdem, was für Sie wohltuender ist. Dabei bleiben Stirn und Nase angenehm kühl. Sie spüren bei jedem Atemzug, wie die frische, sauerstoffhaltige Luft im Inneren Ihrer Nasenflügel vorbeistreicht – wie eine frische Brise am Meer. Der Körper tankt Sauerstoff – ganz von allein. Und der frische Sauerstoff dringt in jede Zelle. Reparatur und Heilung kann geschehen.

Und Sie sinken von ganz allein immer tiefer in Ihre Unterlage. Tiefer und tiefer in die Entspannung hinein. Die Atmung verlangsamt sich und das Herz schlägt kräftig und ruhig. Niere und Darm verdauen und entgiften. Alle Organe arbeiten harmonisch zusammen.

Die Entspannung, die Wärme und Schwere oder die Leichtigkeit fließen nun die Beine hinunter bis in die Füße und in jede Zehe hinein. Ihr ganzer Körper ist nun vollkommen entspannt und angenehm warm. All dies geschieht von ganz allein. Sie brauchen gar nichts zu tun. Einfach nur da sein und genießen! Und wenn Sie so weit sind, gehen Sie weiter ...

4: Die Reise durch den Körper

Reisen Sie in Gedanken noch einmal durch Ihren Körper. Beginnen Sie am Kopf und gehen Sie dann langsam hinunter zu den Füßen. Gibt es noch Stellen, die etwas mehr liebevolle Zuwendung und Unterstützung brauchen? Stellen, an die Sie noch eine Extraportion Liebe und Wärme senden möchten? Falls ja, richten Sie Ihre Aufmerksamkeit auf diese Orte in Ihrem Körper. Schicken Sie dann Wärme, liebevolle Zuwendung und Entspannung genau dorthin und sagen in Gedanken:

»Bitte entspanne dich!«

So helfen Sie, Ihr Wohlbefinden nachhaltig zu verbessern. Um das noch deutlicher, noch sinnlicher zu machen, legen Sie nun eine Hand sanft schwebend auf diese Stelle mit ein bis zwei Millimetern Abstand zwischen Ihrer Hand und der Haut über der zu unterstützenden Körperstelle ... eine hauchzarte Berührung, die so fein ist, dass Sie diese eher erahnen als spüren. In diesem kleinen Spalt zwischen den Hautschichten kann sich die Wärme nun voll entfalten. Eine kuschelige Wärme, die Sie noch tiefer entspannt. Es geht Ihnen besser und besser, und Sie fühlen sich in Ihrem Körper wohler und wohler. Wenn Sie möchten, reisen Sie in Gedanken ein zweites Mal durch Ihren Körper. Falls Sie noch Stellen entdecken, die Ihre Unterstützung brauchen, wiederholen Sie das Ganze noch einmal. Falls nicht, geht es nun weiter zum sogenannten »sicheren Ort«.

5: Der sichere Ort

Der sichere Ort (oder auch »Safe Place«) ist ein gedanklicher Raum, der Ihnen viel bedeutet: ein Ort aus der Vergangenheit, in der Gegenwart, aus einer Urlaubserinnerung, einem Buch oder Märchen. Es ist ein Platz, an dem Sie sich wohl und vollkommen geborgen fühlen und an den Sie sich jederzeit zurückziehen können, wann immer Sie Schutz, Geborgenheit und Ruhe brauchen – sei es im Alltag oder während einer Selbsthypnose. Er dient auch zu Ihrer Stabilisierung, aber vor allem ist es der beste Platz, um Vorsätze einzuüben, da der Geist in seinem Schutz besonders offen, aufmerksam und aufnahmefähig ist.

Wie sieht er nun aus, dieser Ort?

Die Antwort ist: für jeden Menschen anders! Häufig ist es ein Ort am Meer mit weitem Blick zum Horizont oder ein Platz in den Bergen, ganz oben auf einem Gipfel, auf dem Sie frei durchatmen können, eine Unterwasserhöhle oder einfach nur das eigene Bett mit vielen Kuschelkissen. Wenn Sie möchten, nehmen Sie ruhig auch einen lieben Menschen, Ihren Hund oder Ihre Katze mit auf Ihre Reise.

Entspannung, Ruhe und Geborgenheit am sicheren Ort!

Und so gelangen Sie dorthin:

Wenn Sie die ersten Schritte in die Entspannung gegangen sind, richten Sie die Frage nach dem sicheren Ort an Ihr Unbewusstes. Lassen Sie sich überraschen, vielleicht taucht dieser Ort dann von ganz allein auf. Sie wissen ja bereits:

Meist erreichen Sie mehr, wenn Sie nicht angestrengt nachdenken, sondern auf Ihr intuitives Wissen und Ihre innere Kraft vertrauen.

Denn Sie sind viel, viel mehr als nur Ihr Wille und Ihr Verstand! Sollte nicht sofort ein solcher Ort auftauchen, bleiben Sie ruhig und geduldig und wählen einfach einen Platz, an dem Sie sich sehr wohl fühlen oder wohlgefühlt haben. Diesen behalten Sie möglichst dauerhaft bei, außer Ihr Unbewusstes schenkt Ihnen doch noch eine andere, wunderbare und inspirierende Idee. Wenn sogar mehrere dieser Orte auftauchen, hören Sie auf Ihr Bauchgefühl und wählen den, der Ihnen am besten gefällt und der am positivsten besetzt ist. Verlassen Sie sich auch hier auf Ihre

Intuition: Sie spüren genau, wenn Sie am richtigen Platz angekommen sind.

Stellen Sie sich diesen Ort dann mit allen Sinnen vor: was Sie sehen, was Sie hören, was Sie riechen, was Sie schmecken und was Sie fühlen.

Wenn Sie etwas mit allen Sinnen imaginieren, unterscheidet das Gehirn nämlich nicht mehr zwischen Vorstellung und Wirklichkeit. Das *ist* dann die Wirklichkeit!

Genießen Sie diesen Ort und das Gefühl von Sicherheit, Ruhe und Geborgenheit, das von ihm ausgeht. Und spüren Sie auch einmal genau in sich hinein, was dies mit Ihrem Körper macht. Gibt es ein intensives Wärmegefühl, frische Kühle, ein Kribbeln oder etwas anderes? Was würde Ihr Körper sagen, wenn Sie ihn danach fragen würden?

Wichtig ist, dass Sie das Wohlgefühl auch in eine Körperempfindung überführen, denn wenn es bei einer »rein geistigen Vorstellung« bleibt, sind Sie nicht wirklich am »Safe Place« angelangt. Er ist also nur wirksam, wenn Körper *und* Geist dort angekommen sind!

An diesen besonderen Platz können Sie sich jederzeit zurückziehen. Hier ist Ihr Geist besonders entspannt und bereit, neue Dinge aufzunehmen – ob es nun Vorsätze in der Hypnose, neue Inhalte oder Strukturen sind. Und wann immer Sie dort hingehen, spüren Sie eine magische Kraft. Eine Kraft, die nicht an diesen Ort gebunden, sondern in Ihrem Inneren vorhanden ist.

6: Die Vorsatzbildung und -nutzung

Wenn es darum geht, neue Herausforderungen anzugehen, bestimmte Inhalte umzustrukturieren und zu integrieren, die eigene Haltung zu überdenken und ihr einen neuen Rahmen zu geben, die eigene Persönlichkeit voll zu entfalten, dann können Sie die Vorsatzbildung am Ende einer Hypnose gut für sich nutzen. Dabei geht es darum, etwas umzusetzen, was Ihnen vielleicht allein durch Ihre Willenskraft noch nicht möglich war: zum Beispiel, sich das Rauchen abzugewöhnen, Gewicht abzunehmen oder in stressigen Situationen ruhiger zu bleiben. Achten Sie darauf, dass Sie für sich eine maximale Wohlfühlatmosphäre herstellen, da Sie so leichter zum Ziel kommen. Achten

Sie also stets auf Ihre Bedürfnisse, was Ihnen jetzt in diesem Augenblick guttut, und schaffen Sie sich eine Atmosphäre bestmöglichen Wohlbefindens.

Durch die körperliche und geistige Entspannung und das Finden des sicheren Ortes befinden Sie sich in einem intensiven Kontakt mit Ihrem wahren Ich, Ihren tiefen Wünschen und Bedürfnissen. Auf dieser Basis fällt es Ihnen leichter, lösungsorientierte hilfreiche »Vor-Sätze« zu bilden, die Ihnen bei der Umsetzung helfen und die Sie immer wieder bei Ihren täglichen Selbsthypnoseübungen nutzen können. Diese lassen sich ganz individuell zusammenstellen, je nach Anlass und Bedarf. Wichtig ist nur, dass Sie möglichst einmal jeden Tag üben.

Wie formulieren Sie diese Vorsätze nun am besten, sodass sie auch bestmöglich Wirkung zeigen?

Regeln zur Vorsatzbildung und -nutzung:

- Benutzen Sie Ich-Botschaften.
- Integrieren Sie Ihren Vornamen (»Entspanne dich, xy.«).
- Weniger ist mehr! Halten Sie die Sätze möglichst kurz und knapp.
- Verwenden Sie Verneinungen nur, wenn eine positive Aussage folgt.
- Bilden Sie am besten nur einen, doch maximal drei Vorsätze und behalten Sie diese mindestens eine Woche bei.
- Tauschen Sie Vorsätze erst aus, wenn sie nicht mehr aktuell sind.
- Passen Sie einen Teil der Vorsätze auch an aktuelle Anliegen, Wünsche und Aufgaben an (Prüfung, Operation, Zahnarzttermine usw.) und beginnen Sie ein paar Tage vor dem anstehenden Ereignis mit Ihren Übungen.
- Fünf bis zehn Minuten täglich üben reicht völlig aus.

Bleiben Sie bitte auch bei der Wahrheit! Wenn Sie zum Beispiel abnehmen wollen und sagen: »Ich mag keine Schokolade!«, kann sich die Botschaft paradoxerweise in »Ich mag Schokolade!« verwandeln, da das Gehirn Verneinungen meist nicht assoziiert. Zum anderen führt die Aussage »Ich mag keine Schokolade!« auch ziemlich wahrscheinlich zu einem inneren Widerstand, weil die Botschaft eben nicht der Wahrheit entspricht. Hilfreicher wäre einer der folgenden Vorsätze:

- »Von Tag zu Tag / von Übung zu Übung habe ich immer mehr Appetit auf gesundes Essen.«
- »Das Bedürfnis nach Schokolade nimmt jeden Tag ab.«
- »Ein winziges Stück Schokolade verschafft mir allen Genuss.«

usw.

Es ist wichtig, dass alles, was Sie üben, mit Ihren inneren Überzeugungen, Wünschen und Neigungen im Einklang steht, also wahr ist und zu Ihnen und Ihren tiefsten Wünschen passt. Falls die Entwicklungsschritte, die Sie gehen möchten, für Sie sehr groß sind, teilen Sie diese in kleine Schritte auf:

- »Von Tag zu Tag … mache ich … / fällt es mir leichter, dass …«
- »Von Übung zu Übung … fühle ich …«

Sie verstärken die Wirkung der Vorsätze noch, indem Sie während der Phase des Einatmens innerlich den Vorsatz in Gedanken aufsagen und während des Ausatmens Ihren eigenen Vornamen.

Brian Alman, der Autor des sehr empfehlenswerten Grundlagenbuches *Selbsthypnose* (Alman 2019), hat dies einmal mit einer großen Gruppe (an der ich teilgenommen habe) auf einem Kongress eingeübt, und es war verblüffend zu sehen, mit welch einfachen Mitteln sich so viel erreichen lässt – einfach nur, indem Sie Ihren Vornahmen benutzen.

So erreichen Sie beispielsweise mit einem Vorsatz Ihr Unbewusstes:

(Einatmen): »Alles geschieht zu deinem Besten!«
(Ausatmen): »… [Ihr Vorname!]«

Der eigene Vorname hat eine ganz besondere Bedeutung, ja sogar eine Art Signalwirkung für jedes Individuum. Fällt Ihr Name irgendwo im Raum, hören Sie ihn unter allen Geräuschen sofort heraus. Nicht umsonst werden Menschen zum Beispiel nach einer Narkose mit dem Vornamen angesprochen.

Wenn Sie dies nun im Rahmen einer Übung umsetzen wollen, sprechen Sie sich, da Sie hier mit sich selbst / Ihrem Unbewussten sprechen, am besten in der *Du-Form* an! Wichtig zu wissen: Du-Botschaften werden besser aufgenommen als Sie-Botschaften.

Sie verringern die innere Distanz (welche das Wort »Sie« ja sinnvollerweise in manchen Situationen herstellt) und machen die Botschaft eingängiger. Nicht umsonst werden ältere, demente Menschen oft vom Pflegepersonal mit »du« und ihrem Vornamen angesprochen. Dies ist kein Mangel an Respekt, sondern der Versuch, den Menschen durch tief verinnerlichte Inhalte wie den eigenen Vornamen doch noch zu erreichen.

Beispiele für Vorsätze:

- »Ich bin ganz ruhig und entspannt.«
- »Jeder Stress vertieft die Ruhe.« [Ein Stresssignal wird zum Motor für Entspannung.]
- »Mein Geist ist offen für neue Denkmuster und Ideen.«
- »Meine Gedanken kommen zur Ruhe.«
- »Ich bin (noch nicht) am Ziel und ich nehme mir die Zeit, die ich brauche.«
- »Ich glaube an mich selbst.«
- »Ich gönne mir und meinem Körper Ruhe.«
- »Ich heile mich.«
- »Ich stärke meinen Körper / mein Immunsystem.«
- »Ich bin geschützt, ich bin stark, ich werde es schaffen.«
- »Ich bin, wie ich bin.«
- »Sind andere dabei, bleibe ich sicher und frei.« [Reime sind sehr eingängig!]
- »Alles geschieht zu meinem Besten.« (zum Beispiel bei operativen Eingriffen)
- »Ich nehme mich wichtig.«
- »Ich sorge gut für mich.«
- »Ich bin geschützt und ganz geborgen.«
- »Ich lasse die anderen sein (lasse sie sein, wie sie nun mal sind und lasse sie los).«
- »Ich bin, ich lebe.«
- »Ich genieße meine Leben.«

Benutzen Sie auch gerne Verneinungen, wenn Sie diese geschickt in Ihre Vorsätze einbauen. Wenn Sie zum Beispiel sagen:

- »Ich bin (noch nicht) am Ziel und ich nehme mir die Zeit, die ich brauche«,

imaginieren Sie bereits, wie es sich anfühlt am Ziel zu sein. So rufen Sie im Geist lauter hilfreiche Erinnerungen und Vorstellungen auf. Diese regen weitere Assoziationen an, und so steuern Sie voller Optimismus Ihrem Ziel entgegen.

7: Die Verankerung

Durch Verankerung lassen sich gewünschte Veränderungen seelischer oder körperlicher Natur und bereits erzielte Erfolge in der Hypnose dauerhaft sichern.

All die Erfahrungen Ihrer Selbsthypnosesitzung, das Gefühl von Entspannung und das Einssein mit sich, Ihre Vorsätze, neue Lösungen oder Denkmuster verknüpfen Sie mit einer Bewegung und setzen so einen *Körpermarker*:

> Dafür pressen Sie gegen Ende der Hypnose einfach ein paar Sekunden Daumen und Ringfinger (oder den Daumen und den kleinen Finger) fest zusammen.

So rufen Sie jedes Mal, wenn Sie diese Bewegung wiederholen, Ihre Erfahrungen und Gefühle erneut hervor und erzeugen gleichzeitig diesen wunderbaren Entspannungszustand. Für unterschiedliche Inhalte bitte unterschiedliche Finger benutzen!

8: Der posthypnotische Auftrag

In der Selbsthypnose benutzen Sie Suggestionen, also hilfreiche Selbstbeeinflussungen, um bestimmte Seinszustände aufzurufen, hilfreiche Erinnerungen zu erwecken oder positive Veränderungen anzuregen. Eine Sonderrolle spielt dabei die posthypnotische Suggestion. Nutzen Sie diese, um bestimmte, während der Hypnose erzielte Wirkungen auch über das Ende der Hypnose hinaus langfristig zu erhalten.

Beispiel:

»Auch wenn ich gleich meine Selbsthypnose beende, hält diese wunderbare Gelöstheit noch stetig weiter an, und alles, was ich erfahren habe, wirkt in mir weiter. Bei jeder kommenden Übung gelingt es mir leichter, und das gewünschte Ergebnis hält von Mal zu Mal immer länger an.«

9: Die Rücknahme

Durch die aktive Rücknahme beenden Sie die Trance und kehren voller Tatkraft frisch und gut erholt in die äußere Welt zurück.

Kehren Sie Stufe für Stufe aus der Hypnose zurück!

Und so machen Sie das:

Lassen Sie Ihre Augen noch geschlossen. Dann zählen Sie langsam bis 6:

- Bei »1« kommt die Kraft in die Beine zurück,

- bei »2« auch in die Arme,
- bei »3« atmen Sie tief durch und wecken Ihren Körper langsam wieder auf.
- Die Hälfte des Weges haben Sie nun schon geschafft.
- Bei »4« recken und strecken Sie sich genüsslich wie ein Hund oder ein Kätzchen am Morgen. Gähnen Sie ruhig tüchtig, das regt zusätzliche Verarbeitungs- und Integrationsprozesse im Gehirn an.
- Bei »5« sind Ihre Augen immer noch geschlossen. Kehren Sie nun langsam, in Ihrem eigenen Tempo, wieder in den Alltag zurück. Sie fühlen sich gut erholt, hellwach und vollständig zu Zeit und Raum orientiert.
- Bei »6« machen Sie die Augen auf. Blicken Sie sich ganz bewusst einmal um und orientieren Sie sich im Raum. Richten Sie sich nun langsam auf, damit Ihr Kreislauf nach der längeren Ruhephase wieder in Schwung kommt.

Nach der Rücknahme sollten Sie unbedingt noch 30 Minuten Ruhe einhalten (kein Autofahren / kein Besteigen von Leitern / kein Fensterputzen usw.!).

Eine Rücknahme ist vor dem Nachtschlaf nicht erforderlich. Der hypnotische Zustand klingt durch den Schlaf ganz von selbst wieder ab. Nach einem kurzen Mittagsschlaf ist eine Rücknahme allerdings unbedingt wichtig!

Gönnen Sie sich nach dem Üben noch ein wenig Zeit und Ruhe, erledigen Sie keine Aufgaben, die eine besondere Wachheit erfordern. Wenn Sie noch ein wenig Restmüdigkeit spüren, wiederholen Sie die Rücknahme noch einmal.

Die Selbsthypnose auf einen Blick:

Stufen der Hypnose	Techniken	Ziele
Die Induktion	▶ das Fixieren ▶ der Baum im Sturm ▶ die weiche Welle ▶ das vertraute Bild	▶ Einleitung der Hypnose ▶ Loslassen und Ausrichten auf die Innenwelt
Die Atmung	▶ den Atem beruhigen ▶ die Wellenform beobachten	▶ die Atemfrequenz senken ▶ den Körper entspannen ▶ inneren Frieden erlangen
Die Körperentspannung	▶ die Muskulatur vom Kopf bis zu den Füßen lockern (mit angenehmer Wärme, Schwere oder federleichter Leichtigkeit)	▶ Entspannung vertiefen ▶ Umstellen von sympathischer (»Stresssteuerung«) auf parasympathische Ruhesteuerung
Die Reise durch den Körper	▶ gezielt einzelne Körperstellen lockern (gedanklich hineingehen und die wärmende Hand auflegen)	▶ Wohlgefühl im Körper erzeugen ▶ Wärmegefühl erzeugen
Der sichere Ort	▶ den inneren Wohlfühlort aufsuchen und ihn sich mit allen Sinnen vorstellen	▶ einen inneren Schutzort aufbauen ▶ einen Übungsplatz für entspannte Vorsatzbildung installieren
Die Vorsatzbildung und -nutzung	▶ max. 3 hilfreiche Vorsätze formulieren	▶ Einüben von gewünschtem Verhalten ▶ Persönlichkeitsbildung ▶ Reifung ▶ Stabilisierung
Die Verankerung	▶ Verankern durch kurzes Zusammenpressen von Daumen und Ringfinger (oder dem kleinen Finger)	▶ Entspannung bei Bedarf schnell aufrufen ▶ Erfolge sichern
Der posthypnotische Auftrag	▶ einen Vorsatz bilden, der auch über das Ende der Hypnose hinaus gelten soll	▶ langfristiges Sichern des Erfolges über das Ende der Hypnose hinaus
Die Rücknahme	▶ in sechs Stufen von den Beinen bis zum Kopf den hypnotischen Zustand auflösen	▶ frisch in die Gegenwart zurückkehren

Idealerweise üben Sie die Selbsthypnose von Punkt 1 bis 9 zusammen mit Ihren individuellen Vorsätzen wenigstens einmal am Tag, etwa 3–5 Minuten genügen. Später können Sie sich auch eigene Übungen ausdenken und mit diesen arbeiten. Wichtig ist dabei, dass Sie stets an die Rücknahme denken, außer, wenn Sie direkt vor dem Nachtschlaf üben. Richten Sie sich, wenn möglich, eine feste Zeit oder ein festes Übe-Ritual ein (zum Beispiel immer nach dem Zähneputzen). Günstig ist auch die Zeit kurz vor dem Einschlafen, um den Tag genüsslich abzuschließen, oder morgens kurz nach dem Aufwachen, um sich für alle Aufgaben des kommenden Tages fit zu machen.

Nehmen Sie sich Ihre Lieblingsübung auf Band auf und hören Sie diese immer, wenn Ihnen danach ist – nur nicht beim Autofahren (!), auch nicht als Beifahrer, denn ein neugierig zuhörender Fahrer kann dabei ungewollt in eine Trance geraten.

Schlüpfen Sie in Ihre Traumwelt für eine gute Erholung und einen entspannten Schlaf!

Weitere praktische Übungen

Nun folgen noch weitere Übungen zur Bewältigung verschiedener spezieller Anliegen. Wenn sie Ihnen gefallen, nehmen Sie diese doch auf Ihr Handy oder ein Aufnahmegerät auf, so haben Sie die Übungen immer bei sich.

Eine Reise auf dem Zeitstrahl

Überlegen Sie einmal, wie alt Sie werden möchten. Vielleicht achtzig oder neunzig Jahre?

Schließen Sie die Augen und gehen Sie wie gewohnt in eine leichte Trance.

Dann reisen Sie auf dem Zeitstrahl nach vorne, bis Sie dieses Alter erreicht haben.

Sie setzen sich in einen gemütlichen Sessel, vielleicht am Kamin, mit einem warmen Getränk oder einem guten Glas Wein. Lassen Sie Ihr vergangenes Leben an sich vorüberziehen und betrachten Sie aufmerksam, was Sie erreicht haben.

- Mit was sind Sie zufrieden, was ist Ihnen weniger gelungen?
- Was war von Bedeutung, was weniger?

Nehmen Sie sich einmal die Zeit für eine innere Reise!

- Was haben Sie gewagt, was hätten Sie noch wagen sollen?
- Wie sieht es mit der Familie aus? Sind sie allein? Haben Sie Kinder und Enkelkinder? Wie fühlen Sie sich damit?
- Gibt es unerfüllte Sehnsüchte? Etwas, das Sie bedauern, es nicht getan zu haben?
- Gibt es bestimmte Bereiche Ihres Lebens, die Sie gar nicht wahrgenommen, gar nicht gelebt haben?

Nehmen Sie all das ganz aufmerksam wahr und machen Sie sich dann klar, dass Sie noch nicht am Ende angekommen sind. Dass noch Zeit ist, sich neue Ziele zu setzen, Ungelebtes zu leben und Konflikte mit Menschen in Ordnung zu bringen – z. B. eine Familie zu gründen (oder auch nicht), sich beruflich zu verändern, mehr auf sich zu achten usw.

Atmen Sie das Ganze tief ein, in jede Zelle hinein, verankern Sie es und kommen Sie dann wieder aus der Hypnose zurück.

Was wäre, wenn?

Diese Übung kann für sich allein stehen oder auch als sinnvolle Erweiterung der vorherigen Übung dienen.

Schließen Sie die Augen und gehen Sie in eine leichte Trance.

Und nun stellen Sie sich vor, dass alles, was Sie nach der letzten Übung verändern wollten, oder einfach ein wichtiges Anliegen, ein Herzenswunsch über Nacht wahr geworden wäre.

Starten Sie Ihre persönliche Aufwärtsspirale!

Das kann z. B. auch sein, dass Sie plötzlich gesund geworden sind, keine Schmerzen mehr haben, Schwierigkeiten in der Partnerschaft oder im Beruf verschwunden sind, Konflikte sich aufgelöst haben oder dass endlich Ihre Träume und Wünsche wahr geworden sind.

- Wie geht es Ihnen nun damit? Was ist anders? Wie fühlt sich Ihr Körper an?
- Durchleben Sie Ihren Tagesablauf mit diesen positiven Veränderungen. Wie geht es Ihnen nun?
- Was sehen Sie, wenn Sie sich im Spiegel betrachten? Lächelt Sie Ihr Gegenüber an?
- Wie klingt Ihre Stimme?
- Wie ist Ihr Appetit? Ihre Verdauung?
- Wie ist Ihre Haltung, Ihr Gangbild?
- Wie wirken Sie auf andere Menschen? Verhalten sich diese Ihnen gegenüber anders?

Stellen Sie sich all dies ganz intensiv vor, atmen Sie dieses neue Erleben ganz tief in sich hinein, verankern Sie es und kommen Sie dann allmählich wieder in den Alltag zurück.

Sie werden sehen: Allein dadurch, dass Sie sich all dies so intensiv vorstellen, aktivieren Sie Ihre positiven Netzwerke. Dadurch tun sich neue Möglichkeiten und Lösungen auf, Ihre Lebensfreude wächst, und es entsteht ein besseres Körpergefühl.

Ihre positivere Ausstrahlung bleibt natürlich auch von den anderen nicht unbemerkt, sodass Sie mehr positives Feedback bekommen und eine Aufwärtsspirale starten kann.

Wiederholen Sie diese Übung von Zeit zu Zeit, um neuen Schwung und Auftrieb zu bekommen.

Herausforderungen erfolgreich bewältigen

Gehen Sie wie gewohnt in die Entspannung, in eine leichte Trance, und bringen Sie Ihre Atmung und Ihren Körper zur Ruhe.

Wenn Sie so weit sind, suchen Sie sich dann für eine kommende Herausforderung drei Eigenschaften oder Fähigkeiten aus, die Ihnen helfen werden, diese gut zu bewältigen. Merken Sie sich diese gut.

Und nun machen Sie sich auf zu einer heilsamen, inneren Reise und laufen los. Sehen Sie genau hin: Wie sieht die Landschaft um Sie herum aus? Welche Jahreszeit, welche Tageszeit ist gerade? Wie ist das Licht? Welches Wetter herrscht vor? Sie gehen weiter den Weg entlang und schauen um sich. Es ist ein langer Weg mit vielen Kurven und Abzweigungen. Doch es gibt auch immer wieder Bänke, die zum Ausruhen und Verweilen einladen.

Sie gehen voran und wissen mit einer tiefen inneren Sicherheit, dass dies Ihr Weg ist und dass Ihnen nichts passieren kann. Es kommt Nebel auf und hüllt Sie schützend ein. Während Sie weiterlaufen und an die drei Eigenschaften denken, sehen Sie einen Schatten. Der Nebel beginnt sich ein wenig zu lichten, und Sie sehen die unscharfen Umrisse einer Gestalt. Ganz intuitiv wissen Sie, dass dies Ihr Verbündeter ist. Ein Verbündeter, vielleicht ein Tier oder eine Fantasiegestalt, die genau diese Eigenschaften besitzt, die Sie brauchen.

Gehen Sie mutig auf Ihrem Weg weiter in die Zukunft. Die ganze Zeit ist Ihr Schutztier oder Ihr Verbündeter an Ihrer Seite und begleitet Sie. Er verspricht, auch in Zukunft immer an Ihrer Seite zu sein, wenn Sie ihn brauchen.

Nun stellen Sie sich noch einmal ganz intensiv und mit allen Sinnen vor, wie Sie mit seiner Hilfe diese kommende Herausforderung bewältigen. Dann verankern Sie dieses Gefühl des Erfolges und atmen es bei einem Ihrer nächsten Atemzüge tief in sich hinein.

Durch konstruktive Worte dem Leben neuen Schwung verleihen

Ähnlich wie bei der letzten Übung »Herausforderungen erfolgreich bewältigen« geht es nun darum, sich eine Mixtur, einen Cocktail aus guten Worten herzustellen – etwas, das für Sie generell hilfreich wäre – und dies in Ihre täglichen Selbsthypnoseübungen einzubauen.

Suchen Sie sich *fünf* Begriffe, Eigenschaften oder »Seinszustände«, die Sie besonders gerne hätten, oder aber wie Sie sich gerne fühlen würden, und sprechen Sie diese auf Ihr Handy auf, damit Sie sie immer bei sich haben, wenn Sie mal Zuspruch, bessere Laune, Lebensfreude und Zuversicht brauchen. Besonders wirksam ist es, wenn Sie diese spezifische Mixtur kurz vor dem Schlafengehen anhören. Auch wenn der Schlaf mal nicht von allein kommen will, ist das eine großartige Gelegenheit, sich zu verwöhnen. Freuen Sie sich einfach über die gewonnene Zeit, und machen Sie daraus Ihr ganz persönliches Verwöhnprogramm.

Und so wird es gemacht:

Gehen Sie wie gewohnt in eine leichte Trance.

Stellen Sie sich nun eine angenehme Situation vor, in der Sie sich einmal absolut wohl und geborgen gefühlt haben. Vielleicht Ihren sicheren Ort, einen Urlaub am Meer, Ihr kuscheliges Bett, eine Waldlichtung, umgeben von schützenden Bäumen, oder einen Berggipfel mit weitem Blick bis hinunter ins Tal. Lassen Sie Ihrer Fantasie freien Lauf.

Fragen Sie sich: Wie ganz genau möchte ich mich jetzt fühlen? Was brauche ich, um mich rundum geschützt und wohl zu fühlen?

Natürlich können Sie sich auch alle Begriffe vorlesen (lassen) oder die Aufnahme von Ihrem Handy anhören. Besonders wirksam ist es aber, wenn Sie sich die fünf besten Begriffe, die Sie am meisten »anspringen«, aussuchen und diese dann an der Stelle, an der Sie eigentlich Ihre Vorsätze einüben, kreisen lassen wie kleine Wortschlangen aus guten Begriffen.

Am besten nehmen Sie diese speziellen fünf Worte wieder auf Ihr Handy auf und wiederholen diese so oft, bis Sie ein bis zwei Minuten Text zum Anhören haben. Dazu klopfen Sie ruhig auch abwechselnd zweiseitig, wie Sie es in dem Abschnitt über das Tappen gelernt haben, da dies zu einer besseren Verarbeitung führt.

Gehen Sie aber nicht wesentlich über diese fünf Begriffe hinaus, wenn Sie diese in der Selbsthypnose einüben. Wenn Sie sich allzu viele Worte merken wollen, kann es sein, dass Sie aus Ihrer Balance geraten, und schließlich soll es ja kein Leistungssport, sondern eine Entspannungsübung sein. Bitte überprüfen Sie nach circa einer Woche, ob die Begriffe noch aktuell sind, und tauschen Sie dann aus, was nicht mehr stimmig für Sie ist.

Mixen Sie sich Ihren spezifischen Verwöhncocktail!

Beispiele für hilfreiche Worte:
achtsam, akzeptiert, authentisch, akzeptierend, beschwingt, dankbar, ehrlich, einfühlsam, entschieden, erfahren, fürsorglich, frei, humorvoll, geachtet, geduldig, gelassen, geliebt, gesund, glücklich, geborgen, hilfsbereit, klug, kompetent, konsequent, kreativ, lebendig, leicht, liebenswert, mitfühlend, mit den Menschen verbunden, mit glasklarem Durchblick, motiviert, mutig, offen für Neues, ruhig, selbstfürsorglich, selbstbewusst, selbstsicher, sicher, strukturiert, unternehmungslustig, verständnisvoll, vertrauensvoll, warmherzig, zielorientiert, zuversichtlich

So stellen Sie sich für jedes Anliegen, für jedes Ziel, das Sie erreichen wollen, oder für Ihr persönliches inneres Wachstum Ihren hilfreichen Wortcocktail her.

Oft zwingt Sie eine Herausforderung oder Krise dazu, zu überdenken, wie Sie mit sich und Ihrem Leben weiter umgehen wollen. Das Wort Krise (*altgriech.* für eine »Entscheidungssituation«, den »Wende- oder Höhepunkt einer kritischen Situation«) legt nahe, dass in dem Kipppunkt einer kritischen Situation zugleich eine Chance liegt, je nachdem, für welche Richtung Sie sich entscheiden.

Nehmen wir zum Beispiel die aktuelle Corona-Krise. Wir können diese Krise begreifen als Chance zum Nachdenken darüber, wie wir zusammenhalten und unsere Gesellschaft in konstruktiver Art und Weise verändern können. Wie wir mit Solidarität, Tatkraft und Fantasie Wege finden, mit uns selbst und den Mitmenschen, trotz aller Einschränkungen, verbunden zu bleiben.

Gerade in Krisenzeiten kommt es darauf an, sich an die eigene Stärke, an die eigene Kompetenz zu erinnern, neue Wege auszuprobieren, sich zu solidarisieren und gemeinsam konstruktive Lösungen zu finden.

> In der Krise zeigt sich, wer wir wirklich sind!

Für all diese Aufgaben – sei es eine Infektion, eine Grippewelle, eine anstehende Prüfung oder der Versuch, etwas Neues zu wagen – ist es gut, wenn Sie die Grundlagen kennen, um sich jederzeit einen ganz spezifischen, hilfreichen Cocktail zu mixen. Mit Hypnose allein können wir die großen Probleme der Welt nicht lösen, aber sie kann jedem Einzelnen und denjenigen, die um ihn sind, helfen, etwas besser für sich zu sorgen und sich Gutes zu tun.

Hier mein Vorschlag, aus dem Sie sich gern fünf Worte zur Herstellung eines »Gesundheitsmixes« für die aktuelle Krise und andere gesundheitliche Herausforderungen zusammenmixen können – je individueller, desto besser! Schließen Sie also die Augen und überlegen Sie, was genau Sie jetzt in diesem Augenblick brauchen, um der Krise wirkungsvoll zu begegnen. Wichtig ist, dass Sie die Mixtur finden, die für Sie persönlich genau passend ist.

Der Gesundheitscocktail

achtsam für meine (körperlichen) Bedürfnisse, aktiv, Zukunftsperspektiven entwickeln, ausbalanciert, dankbar für mein Leben, den Augenblick genießen können, fürsorglich sein für sich und andere, frei, ganz da – im Hier und Jetzt – sein, geliebt und liebend, gesund, hoffnungsvoll, im Flow sein, lebendig, mit mir und meinen Mitmenschen in gutem Kontakt, mit mir im Reinen, mit Vertrauen in die Zukunft, mit starker Abwehrkraft, mutig, offen für neue Wege, optimistisch, ruhig und gelassen, voller Selbstvertrauen, wehrhaft, zuversichtlich

Nehmen Sie Ihre Favoriten wieder in einer Länge von 1 bis 2 Minuten auf Ihr Handy oder Aufnahmegerät auf, indem Sie diese bis zur gesuchten Länge immer wieder aneinanderhängen. Hören Sie sich diese an, wann immer Sie Hilfe und Zuversicht brauchen.

Weitere Übungen sowie vertiefte Informationen zum Thema Selbsthypnose finden Sie unter anderem in meinem Buch *Traumhaft schlafen durch Selbsthypnose*.

Nun geht es darum, Ihr erworbenes Wissen in die Praxis umzusetzen. Sie haben ja bereits das Vagustraining, die Selbsthypnose und etliche weiterführende Übungen kennengelernt, haben Ihren persönlichen Wohlfühlcocktail erstellt, Ihren Verbündeten gefunden und andere hilfreiche Techniken wie das bilaterale Klopfen und die Stabilisierungsübungen angewendet. Jede für sich ist äußerst hilfreich. Doch wenn Sie diese miteinander kombinieren, potenzieren Sie deren Kraft!

Erlebtes besser verarbeiten, Neues entstehen lassen

Da Sie dieses Buch in Händen halten, gibt es sicher einige Dinge in Ihrem Leben, die Sie verändern wollen. Vielleicht möchten Sie an Ihrer Persönlichkeit arbeiten, eine Diät durchhalten oder sich das Rauchen abgewöhnen, sich aus einer unglücklichen Beziehung lösen oder sich beruflich neu orientieren. Suchen Sie sich eines Ihrer Anliegen aus, aber starten Sie vielleicht erst einmal mit etwas Leichtem oder Mittelschwerem, da Sie sich ja noch in einem Lernprozess befinden.

Was genau möchten Sie lösen?

Stellen Sie sich vor, Sie sind an Bord eines Schiffes, das den Hafen verlässt, um auf eine große Fahrt, ein Abenteuer zu gehen, um etwas Neues zu entdecken. Wie fatal wäre es, einfach loszufahren, ohne ein Ziel zu haben? Vielleicht würden Sie im Kreis herumfahren, nie einen sicheren Hafen erreichen oder sogar am Ende untergehen? Sicher ist es hilfreich, eine Kompass oder eine Karte zu besitzen, also wenigstens eine Vorstellung davon zu haben, wohin die Reise gehen soll. Bestimmt gibt es unterwegs auch noch viel Neues zu entdecken. Doch am besten ist es, Sie legen Ihr Ziel erst einmal ganz genau fest, bevor Sie starten. Sollten Sie dann immer noch bessere, interessantere Wege entdecken, können Sie Ihren Kurs ja jederzeit korrigieren.

Planen Sie sorgfältig, wohin die Reise gehen soll!

Und so bereiten Sie sich vor:

Halten Sie für einen Moment inne und stellen Sie sich folgende Fragen, während Sie schon zu klopfen beginnen:

- Was möchte ich verändern? Was brauche ich gerade jetzt – oder für eine künftige Herausforderung (bitte genau definieren!) –, damit ich mich zu 100 % gut fühle?
- Wie möchte ich lieber leben?
- Wie anders möchte ich denken, fühlen oder handeln?
- Was möchte ich meinem Körper Gutes tun?
- Mit welchen Menschen möchte ich mich umgeben?

Wenn Sie Ihr erstes Ziel gefunden haben, halten Sie es ruhig schriftlich für sich fest, um es später nachlesen und eventuell auch noch feinjustieren zu können, sofern sich Ihre Bedürfnisse verändern sollten.

Und denken Sie daran: Halten Sie sich bitte nicht zu lange bei dem auf, was nicht so gut für Sie war und was Sie verändern wollen, da Sie sonst weniger günstige Netzwerke aktivieren, sondern nutzen Sie die alten Geschichten nur wie eine Art Sprungbrett, um Ihr Ziel zu finden. Sollten Sie hierbei in belastende Gedankenspiralen abdriften, unterbrechen Sie sich sofort und gehen wieder auf Kurs.

Eine hilfreiche Vorstellung, ein förderliches Bild stößt das nächste an.

Noch einmal: Wenn Sie sich dann auf den Prozess einlassen, benutzen Sie Ihre eigenen, tatsächlich gemachten Erfahrungen. So gibt es auch keinen Widerstand, keine innere Auflehnung. Das Erlebte ist durch und durch wahr, hat wirklich stattgefunden und kann daher auch wieder stattfinden. Für Ihr inneres System ist es nämlich etwas fundamental anderes, wenn Sie sich mit bloßem positiven Denken nur etwas einreden wollen (z. B. *»Ab heute bin ich immer glücklich«)*, weil Sie es gerne wären.

Dieser Wunsch ist mehr als verständlich, aber Ihr innerer Zensor wird ziemlich sicher sofort anspringen und sagen: »Stimmt ja gar nicht! Was du erzählst, ist Unsinn!«, und die gute Absicht wird noch im Keim erstickt.

Rufen Sie also einen vollkommenen Glücksmoment, der tatsächlich stattgefunden hat, auf: die Geburt eines Kindes, eine erfolgreiche Rede, einen Heiratsantrag, eine Beförderung, das Gefühl, auf Omas Schoß zu sitzen – oder was es auch immer für Sie ist, das genau zu der besonderen Herausforderung passt. Und lassen Sie diese Erinnerung mit allen Sinnen aufleben, intensivieren Sie sie und dann schlüpfen Sie wie in einen wärmenden Mantel hinein. Verankern Sie diesen Eindruck, um sich dann so gestärkt der gegenwärtigen oder zukünftigen Herausforderung zu stellen. So wird dies vor Ihrem inneren Zensor bestehen, weil es wahrhaft und durch und durch ehrlich ist.

Haben Sie sich je gefragt, was passiert, wenn Sie Ihr Ziel erreicht haben? Kommen Sie damit gut klar? Oder hat es vielleicht auch nachteilige Folgen für Sie? Diese Frage mag Ihnen paradox erscheinen oder Verwunderung hervorrufen. Es ist doch gut, wenn Sie zum Beispiel Ihre Migräne loswerden konnten. Oder? Ja und nein. Zum Beispiel können Sie, wenn Symptome wegfallen, mit weniger Schonung rechnen als zuvor, Sie verlieren also den sogenannten sekundären Krankheitsgewinn.

Vielleicht ist es gar nicht so einfach, sich so etwas einzugestehen, wenn es eine Rolle spielen sollte. Doch seien Sie ehrlich zu sich selbst und nehmen Sie solche heimlichen Krankheitsgewinne wahr – vor allem, wenn die Behandlung oder die Selbstbehandlung einmal nicht vorankommen. Fragen Sie dann nach den Gründen, die unbewusst einer weiteren Entwicklung im Wege stehen könnten.

Wenn Ihnen die Zusammenhänge klar werden, können Sie zum Beispiel für Pausen oder Schonung auch ohne die Migräne sorgen. Sie könnten etwas weniger arbeiten oder für bessere Arbeitsbedingungen sorgen, Ihre Familie /

Ihren Partner mehr in die Hausarbeit miteinbeziehen, sich einen Freiraum von den Kindern verschaffen und so weiter.

Wie schon besprochen versucht der Körper oft, durch Symptome etwas Gutes für Sie zu erreichen, was Sie sich (noch) nicht einzufordern wagen. Wenn Sie nun dafür die Verantwortung übernehmen, kann Ihr Körper im Gegenzug die Symptome zurücknehmen. Am besten gehen Sie im inneren Dialog in einen intensiven Kontakt mit ihm und hören gut zu, was er ihnen zu sagen hat. Ich habe das in unzähligen Fällen als sehr hilfreich erlebt.

Doch gehen wir das Ganze am besten anhand eines konkreten Beispiels durch. Bestimmt haben Sie nun Ihre Wünsche und Ziele schon klarer erfasst. Damit haben Sie einen wesentlichen Schritt getan, damit Sie von dem unerwünschten Zustand zu einem gewünschten kommen können und für anstehende Herausforderungen gewappnet sind.

Klopfen Sie stets bei solchen Suchprozessen, also während Sie nachdenken, das hilft bei der anschließenden Verarbeitung und Neustrukturierung der Inhalte – am besten mit geschlossenen Augen. Dabei achten Sie bitte auch bitte darauf, eine möglichst konstruktive Sprache zu benutzen und so die »hilfreichen Netzwerke« anzuregen, wie ein Sportler, der vor einem Wettlauf seine Muskeln warm macht.

Starten Sie zunächst wieder mit den Stabilisierungsübungen, bevor Sie sich in einer leichten Trance Ihrem eigentlichen Anliegen nähern.

Ein Beispiel:

Sie fühlen sich ständig einsam und traurig. Sagen Sie besser und notieren Sie für sich:

- »Ich fühle mich (gerade) gar nicht glücklich / nicht verbunden / nicht fröhlich.«

Da Verneinungen ja nicht assoziiert werden, bleiben die hilfreichen Worte im Gedächtnis, und Sie regen so bereits in Ihrem Gehirn die konstruktiven Netzwerke an, obwohl Sie sich ja eigentlich mit etwas beschäftigen, das nicht so gut für Sie ist.

Benutzen Sie dann den Stress als Sprungbrett, um dahin zu kommen, wo Sie lieber wären. Oft ist es nämlich einfach das Gegenteil oder es gibt wenigstens schon einmal einen guten Hinweis, was zu verändern wäre. Wenn Sie konstruktive Worte benutzen, bekommen Sie die Lösung, wie Sie sich stattdessen lieber fühlen würden, quasi schon »frei Haus« mitgeliefert, indem Sie das Wörtchen »nicht« einfach weglassen.

> Im konstruktiv formulierten Stress ist die Lösung bereits enthalten.

Im obigen Beispiel sind das die Worte: glücklich, verbunden, fröhlich.

Dabei brauchen Sie nicht die ganzen Hintergründe, das Warum und Weshalb zu ergründen, um Ihr Anliegen zu erreichen. Im Gegenteil, dadurch würden Sie nur die weniger hilfreichen Netzwerke aktivieren. Steuern Sie also lieber auf direktem Weg den gewünschten Zustand / Ihr Ziel an.

Noch einmal ganz klar: Es geht nicht darum, Gefühle wie Trauer oder Einsamkeit wegzuschieben, sondern sie stattdessen konstruktiv umzuformulieren, denn in der Wortwahl »nicht glücklich« oder »nicht verbunden« wird bereits die Lösung, der Wunsch, das Ziel erkennbar, nämlich sich glücklich und verbunden zu fühlen. Gleichzeitig setzen Sie damit Bilder frei vom Glücklichsein und einer Verbundenheit, die Sie schon einmal erlebt haben. So kommen Sie einer möglichen Lösung bereits viel näher.

Tragende Erinnerungen/Ressourcen finden und auf künftige Aufgaben übertragen

Als Nächstes folgt ein wichtiger Schritt, das Finden einer tragenden Erinnerung/Ressource.

> Dazu überlegen Sie bitte: Von heute rückwärts betrachtet bis zu dem Moment Ihrer Geburt – haben Sie sich einmal vollkommen glücklich, verbunden und fröhlich gefühlt?
>
> Lassen Sie sich Zeit!
>
> Ein einziger Moment in Ihrem gesamten bisherigen Leben reicht aus.
>
> Sollten Sie es noch nicht getan haben, schließen Sie bitte nun an dieser Stelle die Augen und gehen in eine leichte Trance. Klopfen Sie und lassen Sie dann vor Ihrem geistigen Auge Ihr Leben rückwärtslaufen. Vielleicht taucht ein Bild, ein Geruch, eine Bewegung auf oder vielleicht sogar eine ganze Szene. Gehen Sie dann tief in das Gefühl hinein, glücklich, verbunden und fröhlich zu sein, intensivieren Sie diese

Erinnerung mit allen Sinnen und schlüpfen Sie nun wie in einen wärmenden Mantel hinein.

Mit diesem Glücksgefühl gehen Sie in die anstehende Veränderung, die kommende Herausforderung oder künftige Begegnungen mit einem Menschen hinein.

Stellen Sie sich vor, wie es sein wird, mit dieser neuen Ausstrahlung anderen zu begegnen, wie Ihre Mitmenschen Ihnen das, was Sie ausstrahlen, zurückgeben und wie es ist, getragen von solch einem Glücksgefühl ganz neue Erfahrungen zu machen.

Das Beste ist: Wenn Sie sich dann in der Realität tatsächlich einer Herausforderung stellen, wissen Sie, dass Sie es schon einmal erfolgreich getan haben, also bestens vorbereitet sind.

Diese Erfahrung und die damit verbundenen guten Gefühle verankern Sie am Schluss Ihrer leichten Trance, um diese (eventuell mit einem zusätzlichen Codewort) schnell wieder aufrufen zu können.

Oft tut sich zunächst aber erst einmal gar nichts. Scheinbar gibt es keine tragfähigen Erinnerungen oder Ressourcen. Dann plötzlich tauchen auf einmal ganz viele hilfreiche Momente auf. Sie purzeln Ihnen geradezu in den Schoß. Wie kann das sein? Waren sie denn nicht schon immer da?

Reichern Sie Ihre innere Welt mit hilfreichen, bunten Bildern und Vorstellungen an!

Natürlich waren sie das, aber Sie konnten sich nicht an sie erinnern oder sie abrufen, weil Sie in der Anspannung, im Stress – wenn Sie unter Druck stehen oder unglücklich sind – nicht frei denken und über all Ihr bewusstes und unbewusstes Wissen verfügen können. Jegliche Ressourcen und möglichen Lösungen scheinen dann wie weggewischt zu sein, obwohl sie dennoch vorhanden sind. Oft sagen Patienten: »Mir fällt überhaupt nichts ein, wann ich mich je so gesund/optimistisch/glücklich gefühlt habe.« Doch wenn Sie sich stabilisieren, in eine leichte Trance gehen und ruhig und gelöst auf ein Geschenk Ihres Unbewussten waren, taucht irgendwann ein erstes zielführende und hilfreiches Bild vor Ihrem geistigen Auge auf, und dann plötzlich – als wäre eine Schleuse geöffnet worden – fluten all die heilsamen und ermutigenden

Bilder und Erinnerungen herein. Das heißt, Sie haben wieder vollen Zugang zu Ihren Ressourcen.

In welcher Situation haben Sie sich also, wie im obigen Beispiel, besonders glücklich, verbunden und gelöst gefühlt? War es vielleicht auf Omas Schoß? In diesem Falle würden Sie mit dieser Szene arbeiten und vielleicht das Codewort »Oma« oder »Sessel« wählen. Sie können dieses Codewort auch gerne zusätzlich in Ihre persönliche Verwöhnmixtur aufnehmen, die Sie auf den vorangegangenen Seiten kennengelernt haben.

Aber vielleicht fragen Sie sich: Was ist, wenn dennoch keine glückliche Erinnerung, kein Bild, keine Szene auftauchen will?

Eine Möglichkeit besteht darin, einfach ganz locker und entspannt zu bleiben. Das Unbewusste in Hypnose verhält sich wie ein Gast, der eingeladen, aber nicht gezwungen werden will. Unter Druck passiert nämlich gar nichts.

Wenn Sie sich sagen: »Wenn etwas kommt, ist es gut, wenn nicht, wird es schon seinen Grund haben und später kommen«, so haben Sie gute Voraussetzungen, dass Sie ein Geschenk Ihres Unbewussten erhalten.

Doch für den eher unwahrscheinlichen Fall, dass sich (zunächst) tatsächlich nichts Hilfreiches einstellen will oder der (Leidens-)Druck einfach zu hoch ist, um entspannt zu warten, – auch dafür gibt es eine hervorragende Möglichkeit, Ihr Anliegen zu lösen: Sie können sich nämlich Ressourcen ausleihen.

Ressourcen ausleihen

Angenommen, es geht um den Wunsch, mehr Selbstsicherheit – ganz allgemein oder bezüglich einer bestimmten Herausforderung – zu gewinnen, und Ihnen fällt in der Trance keine einzige Szene, keine Erinnerung ein, wo Sie sich einmal wirklich so richtig gut und selbstsicher gefühlt haben. Dann überlegen Sie mal, wer Ihrer Bekannten, Verwandten oder Freunde oder auch welche Filmfigur, die Sie bewundern, oder welcher Romanheld, der Ihnen nahesteht, diese Eigenschaft in herausragender Art und Weise besitzt. Jemand für den eine Prüfung, eine Rede oder etwas Ähnliches eine Kleinigkeit wäre – einer, der dies alles mit links erledigen kann.

Leihen Sie sich die gewünschte Ressource einfach aus!

Dann stellen Sie sich diese echte oder fiktive Person genau vor, schlüpfen in einer leichten Trance in diese hinein oder ziehen sie sich wie einen Overall über. Erleben in Ihrer Vorstellung, mit welcher Leichtigkeit, wie selbstsicher diese Person diese Herausforderung meistert – bzw. Sie selbst die Herausforderung meistern. Sie werden ja quasi, was diese Eigenschaft anbelangt, zu dieser Person, Sie beide verschmelzen zu einem Wesen und gehen dann die kommende Herausforderung gemeinsam an.

Je öfter Sie dies tun, desto mehr bleibt bei einer solchen Verschmelzung etwas von den Fähigkeiten/Ressourcen dieser Person an Ihnen »haften«. Die geliehene Eigenschaft geht also mehr und mehr in Ihren Besitz über, bis Sie sie schließlich ganz angenommen haben. Anschließend verankern Sie Ihren Erfolg mit Daumen und Zeigefinger, sodass Sie den gewünschten Zustand sofort wieder aufrufen können.

Im Einklang mit Körper und Geist handeln

Achten Sie bei all Ihren Überlegungen und bei allen Übungen stets auf die Signale Ihres Körpers – ob Ihnen eine bestimmte Vorstellung, eine Übung guttut oder nicht. Ihr Körper schöpft »sein Wissen« aus dem reichhaltigen Erfahrungsschatz Ihres Unbewussten und weiß oft viel besser, was jetzt für Sie passt oder auch nicht – zum Beispiel, wann Sie eine Pause oder eine Veränderung brauchen.

Viele Menschen haben sich jedoch angewöhnt, diese Hinweise zu überhören, weil es gerade stört, weil sie funktionieren wollen oder weil sie einfach ohne Rücksicht auf sich selbst ihre Ziele verfolgen. Dann kommt es oft zu verzweifelten Signalen ihres Körpers in Form von Symptomen – bis dahin, dass er »den Stecker zieht«, zum Beispiel mit einem Burn-out.

Und selbst darin steckt noch ein fürsorglicher Akt Ihres Körpers, nämlich dass er Ihnen so die Chance gibt – oder Sie dazu zwingt, Ihre Handlungsweise zu überdenken. Bleiben Sie jedoch dabei, sich weiterhin rücksichtslos auszubeuten, kann es zu irreversiblen Schäden kommen, wie zum Beispiel einer nur noch schwer behandelbaren Hypertonie.

Umgekehrt werden Sie merken, dass es Ihnen von Tag zu Tag besser geht, wenn Sie auf die Signale Ihres Körpers hören; dass er die Symptome zurückfahren kann, wenn Sie wieder die Verantwortung übernehmen, für Pausen sorgen und achtsam mit sich selbst umgehen.

Hören Sie auf die Signale Ihres Körpers!

Vielleicht sagen Sie nun, dass Ihnen die Zeit dafür fehlt. Aber bedenken Sie einmal, wie viel Zeit Sie verlieren, wenn Sie weitermachen wie bisher! Wie viel kostbare Lebenszeit geht Ihnen so verloren! Wenn Sie erschöpft auf dem Sofa sitzen, keine Lebensfreude mehr besitzen, Kontakte zu Freunden verlieren, weil Sie einfach keine Kraft mehr haben. Wenn Sie mit Migräne im Bett liegen, mit Bluthochdruck beim Arzt sitzen, krankgeschrieben werden müssen, mit einem Burn-out in einer Klinik landen und vieles mehr. Unterm Strich sparen Sie also enorm viel Zeit, wenn Sie sich jeden Tag auch nur 10–15 Minuten Zeit für sich selbst nehmen, für ein paar Stabilisierungsübungen oder Übungen, die darauf abzielen, Ihrem Leben eine neue, konstruktivere Richtung zu geben. Nutzen Sie also die Weisheit und das tief gegründete Wissen

Ihres Körpers, verbünden Sie sich mit ihm und bilden Sie mit ihm ein eingeschworenes Team.

Vertrauen Sie Ihrer Intuition!

Unsere Intuition erlaubt uns, subtile Unterschiede zu bemerken – selbst da, wo logisch betrachtet scheinbar gar keine vorhanden sind. Im Umgang mit anderen Menschen sind wir über Jahre oder gar Jahrzehnte trainiert und können so feinste Unterschiede erkennen, ob es jemand gut mit uns meint, ob unser Unbewusstes uns unterm Strich zu einer Sache zu- oder davon abrät, wie eine Lage einzuschätzen ist oder wann es gefährlich werden könnte – auch dann, wenn der rationale Verstand letztlich keine sicheren Aussagen liefern kann. Selbst unter Umständen, in denen Sie in ungewisse, unvorhersehbare Situationen geraten, erlaubt Ihnen Ihre Intuition durch all Ihr unbewusstes Wissen häufig, doch die bestmögliche Entscheidung für sich zu treffen. Dort, wo der bewusste Verstand kapitulieren muss, ist die Intuition immer noch oben auf.

Wenn Sie zum Beispiel von zwei kompetenten Ärzten einen unterschiedlichen Rat bezüglich eines Gesundheitsproblems erhalten, spüren Sie dennoch meist intuitiv, wem Sie mehr vertrauen, auf wen Sie sich eher verlassen können, selbst wenn dies rational nicht zu begründen ist.

Dabei sind Intuition und Logik durchaus keine Gegner. Wenn Sie intuitiv spüren, dass etwas nicht in Ordnung ist – bezüglich der eigenen Gesundheit, eines bestimmten Menschen oder einer Situation – kann Ihr Verstand dann einspringen und verifizieren, *was genau* hier nicht in Ordnung ist und warum Sie die Intuition gewarnt hat.

Wie bei einer kooperativen Zusammenarbeit von Körper und Geist sind Sie besonders erfolgreich, wenn Intuition und Logik Hand in Hand gehen. Nicht alles lässt sich mit dem Verstand erfassen, und oft dauert es viel zu lange, wenn man etwas rein logisch begreifen und überprüfen will. Wenn jemand einen Unfall hatte und ins Krankenhaus eingeliefert wird, sagt dem Arzt das Bauchgefühl möglicherweise, dass man den Patienten enger überwachen sollte, auch wenn dieser vordergründig durchaus noch stabil wirkt.

Würde man dann warten, bis alle Werte vorliegen, wäre der Patient vielleicht schon instabil oder tot. Doch weil der Arzt schon viele Unfallopfer gesehen hat, meldet ihm seine Intuition, dass hier etwas nicht stimmt. Dieses unbestimmte Gefühl lässt sich nicht begründen. Logische Schlüsse zu ziehen ist oft eine langsame oder auch langwierige Angelegenheit, die Intuition hingegen funktioniert blitzschnell. Die gewonnene Zeit rettet dem Patienten unter Umständen das Leben.

Die inzwischen notwendige »Dokumentationsflut« in vielen Kliniken ist ein teures Unterfangen, führt zu einer Unmenge an Verwaltungsarbeit und verlangsamt manchmal Entscheidungen, weil intuitiven Prozessen einfach nicht (mehr) getraut wird. In dem Wunsch, sich abzusichern, um nur ja keine falsche Entscheidung zu treffen, vergessen wir einen der wichtigsten Verbündeten: die Intuition. Seien Sie also mutig und vertrauen Sie Ihren feinen Antennen, die häufig viel mehr wahrnehmen und wissen als der bewusste Verstand.

Vom Stress zur Lösung

Wie gelangen Sie nun aus einer Stresssituation zur Lösung? Erinnern Sie sich? Wir hatten festgestellt, dass im konstruktiv formulierten Stress die Lösung oft bereits enthalten ist. Stellen Sie sich also detailliert vor, was genau in der Situation hilfreich wäre, damit Sie sich besser fühlen, wie Sie anders denken, fühlen oder handeln wollen, und achten Sie dabei präzise auf Ihre Wortwahl.

So gehen Sie vor:

Machen Sie eine der Stabilisierungsübungen.

Leiten Sie eine leichte Trance ein und klopfen Sie.

Stellen Sie dann die folgende Frage an Ihr Unbewusstes:

Wann habe ich diese gewünschte Art zu denken, zu fühlen und zu handeln oder das angestrebte körperliche Wohlgefühl in meinem Leben schon einmal ganz intensiv erlebt – vielleicht auch nur für einen kurzen Augenblick?

Stellen Sie sich nun diese Situation, diese Ressource ganz genau vor!

Intensivieren und vertiefen Sie sie mit allen Sinnen!

Schlüpfen Sie in dieses Bild / diese Erinnerung oder Szene wie in einen wärmenden Mantel hinein.

Wenn sich keine Bild einstellen sollte, »leihen« Sie sich eine Ressource aus!

Nutzen Sie diese Ressource für eine gewünschte Veränderung in der Gegenwart oder transferieren Sie dieses intensive Erleben in die

Zukunft, wenn Sie sich so gestärkt einer künftigen Herausforderung stellen wollen.

Stellen Sie sich vor, wie es sein wird, wenn Sie sich jetzt ganz anders verhalten, wie Ihre Mitmenschen darauf reagieren oder wie es ist, die in der Zukunft liegende Herausforderung nun erfolgreich zu meistern. Erleben Sie Ihren Erfolg mit allen Sinnen, dieses gute und sichere innere Gefühl, sodass Sie, wenn die Herausforderung in der Realität schließlich auf Sie zukommt, ganz genau wissen, dass es Ihnen auch diesmal gelingen wird.

Sie können diese positive Veränderung dann mit Daumen und Zeigefinger verankern sowie sich ein Codewort ausdenken, das hilft, den gewünschten Zustand sofort wieder aufzurufen. So entsteht ein komplett neues Erleben.

Wenn Sie zum Beispiel »alles im Griff haben müssen«, lassen Sie los. Wenn Sie sich wertlos fühlen, wertschätzen Sie sich, und so weiter.

Sehen Sie sich einmal die folgenden Beispiele hilfreicher, konstruktiver »Umformulierungen« und Standpunktveränderungen (Haltungen) an, mit denen Sie vom Stress zu gelungenen Lösungen gelangen können. Wenn Sie das Prinzip verstanden haben und ein wenig üben, wird es Ihnen immer leichter und schneller von der Hand gehen.

Gehen Sie vom Stress zur Lösung!

Beispiele hilfreicher Umformulierungen/Haltungsänderungen

Stress	Lösung
abgelehnt werden	»Ich nehme mich an.«
abwerten	»Ich wertschätze (mich).«
alles im Griff haben müssen	»Ich bin frei, lasse los.«
ängstlich	»Ich wage.«
aufgeben	»Ich bleibe dran.«
sich isoliert fühlen	»Ich zähle mich dazu.«
Bauchgrummeln	»Ich verdaue, ich nehme auf und vertrage.«
belastet	»Ich befreie (mich).«
(sich) beschuldigen	»Ich spreche mich frei.«
(den anderen) beschuldigen	»Ich verzeihe.«
Bestätigung brauchen	»Ich bin in Ordnung.«
down sein	»Ich richte mich auf.«
eingeschüchtert	»Ich zeige mich.«
flüchten	»Ich halte stand.«
gekränkt (werden)	»Ich erhole mich, heile.«
gestresst	»Ich ruhe aus, schalte ab, atme durch.«
konfus	»Ich ordne, schaffe Klarheit.«
nicht gehört werden	»Ich spreche, verschaffe mir Gehör.«
nicht geliebt werden	»Ich liebe mich.«
nicht gesehen werden	»Ich zeige mich.«
nicht gut genug sein	»Ich genüge.«
sich (schuldlos) schuldig fühlen	»Ich lasse los.«
schuldig sein	»Ich mache es wieder gut.«
schutzlos	»Ich schütze mich.«
sich nicht wehren können	»Ich trete für mich ein.«
sich schämen	»Ich stehe zu mir / meinem Körper.«
sich vereinnahmen lassen	»Ich achte mich, bestimme selbst.«
trauern	»Ich heile, lebe wieder auf.«
überfordert	»Ich achte auf mich, lasse los.«
ungeduldig	»Ich lasse mir Zeit.«

Und wie geht es weiter?

Da Sie mit diesem Buch nun schon eine Weile gearbeitet haben, nehmen Sie sich doch einmal die Zeit, Ihre Wünsche und Ziele neu zu überdenken. Sind Sie mit dem Erreichten zufrieden, oder gibt es noch weitere Anliegen, die Sie gerne in Angriff nehmen möchten? Vielleicht haben die bereits erreichten Veränderungen Sie ja dazu ermutigt, sich noch weitere Aufgaben und Herausforderungen vorzunehmen?

Was haben Sie erreicht? Was möchten Sie noch erreichen?

Um all dies zu klären, nehmen Sie sich jetzt die Zeit, um darüber nachzudenken.

Lehnen Sie sich entspannt zurück und lassen Sie die letzten Tage und Wochen vor Ihrem geistigen Auge vorbeiziehen. Wenn Sie ein klares Bild gewonnen haben, beantworten Sie für sich die nachfolgenden Fragen:

- Haben sich meine Beziehungen zu wichtigen Bezugspersonen verändert? Und wenn ja, wie?
- Denke und erlebe ich anders und wie verhalte ich mich im Alltag und bei Herausforderungen?
- Habe ich zu mir und zu den anderen bzw. zum Leben eine andere Einstellung entwickelt?
- Wie geht es meinem Körper?
- Wie habe ich die Herausforderung / das Anliegen gelöst, das ich mir vorgenommen hatte?
- Was möchte ich mir noch vornehmen? Was will ich noch erreichen?
- Gibt es positive Veränderungen, mit denen ich gar nicht gerechnet habe?
- Empfinde ich Sinn in meinem Leben? Bin ich zufrieden und erfüllt?

Eine Verabredung mit sich selbst

Sie haben vielleicht schon bemerkt: Veränderung findet laufend statt und ist keine statische Angelegenheit. Daher reicht es nicht aus, sich diese Fragen nur einmal zu stellen, sondern Sie tun gut daran, dies in regelmäßigen Abständen zu wiederholen.

Einer meiner Kollegen, der sehr beschäftigt ist, trägt sich einmal im Monat einen 15-Minuten-Termin mit sich selbst in seinen Terminkalender ein, wo er von keinem gestört werden darf und sich die Zeit nimmt, seine kurz- und langfristigen Ziele neu zu überdenken.

Nehmen Sie sich wenigstens einmal im Monat 15 Minuten Zeit für eine Bestandsaufnahme: Wie geht es Ihnen jetzt und wohin wollen Sie aktuell?

Bei dieser Verabredung mit sich selbst können Sie sich die oben genannten Fragen stellen, und es ist auch eine gute Gelegenheit, die eigenen Zielsetzungen zu überdenken.

Nehmen Sie die verschiedenen Zeitabschnitte bildlich zu Hilfe, wenn Sie sich die folgenden Fragen stellen:

- Was möchte ich mir noch vornehmen? Was will ich noch erreichen?
- Was möchte ich mir heute vornehmen, was heute erreichen?
- Was in einer Woche? ... einem Monat? ... einem Jahr?
- Was in 10 Jahren oder 20? Was bis zu meinem Lebensende?

Viele Menschen segeln, wie schon erwähnt, auf dem »Schiff ihres Lebens« ziel- und planlos in die Welt hinaus. Es gibt keinen Hafen, den sie erreichen möchten, und auch keine interessanten Zwischenstopps. Sie segeln einfach drauflos oder lassen sich treiben. Andere bestimmen zwar, wohin ihr Schiff fahren soll, sind selbst aber bestenfalls Passagiere, nicht der Kapitän. Und am Ende sind sie erstaunt, dass sie keinen neuen Kontinent entdeckt haben. Vielleicht hat die ganze Reise auch gar nicht so viel Spaß gemacht, wie sie es sich vorgestellt hatten oder wie es möglich gewesen wäre.

Also definieren Sie mutig, was Sie sich von der Reise Ihres Lebens erwarten, und passen Sie Ihre Ziele immer wieder Ihren veränderten Lebensumständen an. Es wird bestimmt noch viele Überraschungen und Wendungen geben – das ist ja auch gewissermaßen das Salz in der Suppe –, dennoch ist es wichtig, eine Vorstellung vom gewünschten Kurs zu haben, um ans Ziel zu kommen.

Beziehungen reicher gestalten

Kennen Sie das? Sie erwarten Anerkennung von außen: vom Partner, von Freunden, von Kollegen, Ihrem Chef? Der andere soll Sie glücklich machen, für Ihre Sicherheit sorgen, Ihnen das Gefühl von Geborgenheit geben, Sie lieben, Sie beschützen, Sie anerkennen und so weiter. Das, was Ihnen vermeintlich fehlt, sollen andere in die Beziehung einbringen.

Wenn das nicht geschieht, sind Sie unglücklich, verstricken sich in endlose Diskussionen und versuchen, sich so Gehör zu verschaffen. Doch am Ende der ermüdenden Gespräche sind Sie nur noch unglücklicher als zuvor und fühlen sich unverstanden.

Tatsächlich geht es meist in Wirklichkeit gar nicht um die anderen, sondern Sie haben ein Thema mit sich in Ihrem Innern zu lösen.

> Statt auf Hilfe von außen zu warten, entdecken Sie Ihre innere Kraft.

Der Wunsch, andere zur Einsicht zu bringen, zu verändern, um sich endlich geliebt und gesehen zu fühlen, ist verständlich. Doch wie kann das, was Sie brauchen, was Sie fühlen wollen, von außen, von jemand anderem kommen? Denn *Sie* nehmen immer nur *Ihre eigenen Gefühle* wahr.

Was sagt das über Ihre Aufmerksamkeit sich selbst gegenüber? Lieben, achten und verstehen Sie sich selbst? Erkennen Sie sich selbst an? Sorgen Sie gut für sich und schützen Sie sich auch, wenn nötig? Niemand kann Ihnen von außen geben, was Ihnen vermeintlich im Inneren fehlt.

Das klingt im ersten Moment so, als müssten Sie allein mit allem fertigwerden.

Natürlich ist es wunderbar, einen Partner zu haben, dieser ist aber nicht dazu da, Ihre innere Leere auszufüllen. Der Mensch an Ihrer Seite, den Sie erreichen und mit dem Sie sich austauschen können – den Sie also wahrhaft lieben, hat seine eigenen Themen zu bewältigen, nicht aber das, was Ihre ureigenste Aufgabe ist. Und denken Sie daran: Eine gesunde Portion an Selbstliebe und Selbstfürsorge ist eine Grundvoraussetzung, um einen anderen Menschen aufrichtig lieben zu können.

Erst wenn Sie in Ihrem Inneren ausreichend (Selbst-)Liebe empfinden, sind Sie auch in der Lage, Ihre Liebe einem anderen zu schenken. Wenn *Sie sich* also in Ihren Bedürfnissen wahr- und ernstnehmen, sich lieben und auf sich achten, tun Sie damit auch das Allerbeste für Ihre Partnerschaft.

Finden Sie also zunächst Ihre glückliche Beziehung in Ihrem Inneren!

Vielleicht sagen Sie nun: Das ist aber gar nicht so leicht. Und bestimmt haben Sie damit auch recht! Wirklich wichtige Dinge sind es aber wert, dass wir Zeit und Mühe auf sie verwenden. Auf alle Fälle lohnt es sich, sofort damit zu beginnen. Vielleicht hilft Ihnen folgendes Bild:

Wenn Sie auf einer Waage einseitig etwas verändern, ändert sich ganz automatisch die andere Seite mit. Entsprechend ist der einzige Weg, jemanden zu verändern, sich selbst zu ändern. Schließlich ist es ohnehin nicht in Ihrer Macht, den anderen »umwandeln«. Sie haben genauso wenig Zugriff auf sein Inneres wie er auf Ihres. Der einzige Weg besteht also darin, auf Ihrer Seite die Waage »in Bewegung« zu bringen – und so auch den anderen mit. Auf diese Weise startet ein spannender Prozess der Neufindung, bis sich wieder ein besseres, frisches Gleichgewicht eingestellt hat.

Doch bevor Sie nun tatsächlich in diesen Prozess eintauchen, stellen Sie sich einmal vor: Wie fühlt sich das an, wenn die Beziehung wirklich reicher und schöner geworden ist? Und woran merken Sie die Veränderung? Machen Sie sich ruhig ein paar Notizen. Allein dadurch, dass Sie sich die Lösung vorstellen, dass Sie eine Idee davon bekommen, wie Ihre Beziehung sich positiv verändern könnte, kommen Sie der Lösung Ihres Anliegens bedeutend näher.

Verändern Sie das Gleichgewicht, und die andere Seite schwingt ganz automatisch mit!

Neben der Fokussierung auf sich selbst, der Selbstfürsorge und dem achtsamen Umgang mit sich und den eigenen Bedürfnissen ist ein weiteres hilfreiches Element der Gebrauch konstruktiver Sprache, wenn Sie sich mit Ihrem Partner, mit Freunden oder im Beruf mit einer Sache auseinandersetzen wollen.

Wollen Sie sich übrigens tatsächlich auseinander-setzen? Ist es nicht sinnvoller, sich zusammen-zu-setzen?

Sie sehen schon hier, dass allein der Sprachgebrauch entweder eine Distanz schafft (»auseinander«) oder eine Zusammengehörigkeit herstellt (»zusammen«). So können Worte auch unbewusst bestimmte Prozesse bahnen. Achten Sie also ganz aktiv auf Ihr Denken und Ihren Sprachgebrauch, und allein dadurch verbessern Sie Ihre Beziehungen ganz entscheidend. Erinnern Sie sich noch: Der größte Teil der Beziehungsprobleme sind Kommunikationsprobleme. Eigentlich sind beide Menschen ganz in Ordnung …

Für den Umgang mit Beziehungsgesprächen gibt es folglich ein paar Regeln.

Regeln für den Umgang miteinander in Beziehungen:

- Suchen Sie nicht lange nach Ursachen, wenden Sie sich Ihren Zielen zu!
- Suchen Sie nicht nach Fehlern, sondern konzentrieren Sie sich auf das, was stimmig für Sie ist!
- Fragen Sie nicht so sehr nach dem Warum, sondern lieber nach dem Wie!
- Lassen Sie die Vergangenheit ruhen, richten Sie Ihren Blick auf die Gegenwart und Zukunft!

Wenn Sie diese Regeln beachten, haben Sie gute Chancen, dass eine für beide befriedigende Lösung zustande kommt, und Sie lernen, mit neuem Selbstbewusstsein, neuen Sichtweisen und konstruktivem Denken und Sprechen erfolgreicher zu kommunizieren.

Für die Gesprächsführung mit Ihrem Partner / mit Kollegen/Freunden/Vorgesetzten oder der Familie ist es außerdem oft sehr nützlich zu wiederholen, was der andere gesagt hat, und dann nachzufragen:

- »Fühlst du dich verstanden?«

Das führt dazu, dass Sie einander konzentriert zuhören, bis sich der andere tatsächlich verstanden fühlt.

Geben Sie der Partnerschaft neuen Auftrieb!

Manchmal ist es notwendig, dass Sie einmal oder sogar mehrfach neu formulieren, was Sie gemeint beziehungsweise verstanden haben, bis Sie darin irgendwann übereinstimmen. Denn die Bedeutung der Botschaft bestimmt letztlich der Empfänger.

Es kann noch so gut von Ihnen gemeint gewesen sein: Wenn das, was Sie gesagt haben, »ganz anders ankommt« – und das oft unbemerkt –, läuft die Kommunikation nicht in die beabsichtigte Richtung. Der andere grollt oder schweigt, weil er möglicherweise etwas Kränkendes verstanden hat, das Sie gar nicht beabsichtigt hatten. Oft ist er in seinen eigenen Gedanken und Befürchtungen unterwegs, in Abwärtsspiralen, die gar nichts mit Ihnen zu tun haben. Wichtig für Ihre Beziehung ist es insofern, dass Sie achtsam bleiben und lernen, solche Entwicklungen frühzeitig wahrzunehmen und anzusprechen.

Achten Sie in all diesen Gesprächen aber stets auf sich! Wie fühlen Sie sich? Wie geht es Ihnen jetzt und in dem Gespräch mit dem anderen? Sprechen Sie dabei stets von sich, von *Ihren* Wünschen, *Ihren* Gefühlen, *Ihren* Hoffnungen ...

Wenn Sie Ich-Botschaften schicken und keine Forderungen oder Du-Botschaften formulieren, ist die Wahrscheinlichkeit größer, dass der andere sich mit der Situation wohlfühlt und gelöst und aufmerksam zuhören kann.

Wenn es um *Sie* geht, um Ihre Wünsche und Bedürfnisse, kann der Partner sich in Sicherheit fühlen und offen und aufnahmebereit bleiben.

Wie es gehen kann, zeigt das folgende Beispiel.

Beispiel:

- »Nie bringst du den Mülleimer raus! Kannst du nicht mal etwas im Haushalt übernehmen, ohne dass ich dich dauernd daran erinnere?«

Besser:

- »Ich fühle mich nicht wohl, wenn der Mülleimer überquillt. Ich würde mich freuen, wenn ich das nicht auch noch übernehmen müsste, weil ich im Augenblick wirklich viel zu tun habe.«

Denken Sie stets daran: Der Partner ist nie die Ursache, sondern nur der Anlass oder Auslöser für den eigenen, *selbst*erzeugten Stress. Er *bietet Ihnen vielleicht einen Streit an!* Aber der Stress, den Sie daraufhin empfinden, ist *Ihr* Gefühl, er kommt nicht von außen! Sicher ist so ein Streitgespräch ein »Angebot«, bei dem es manchmal gar nicht so einfach ist, eine gesunde Distanz zu wahren. Doch machen Sie sich bewusst: So verführerisch diese Einladung auch ist, Sie haben stets die Wahl, ob Sie sich darauf einlassen oder nicht.

Wenn Sie diese wenigen Grundprinzipien einhalten, erreichen Sie schon viel in Ihren Beziehungen. Und wenn das nichts nützt und Ihre Kommunikation schon lange nicht mehr optimal läuft, kann es auch hilfreich sein, einen Therapeuten hinzuzuziehen.

Konstruktiv führen im Beruf

Gerade als Führungskraft ist es wichtig, auf eine gelingende Kommunikation zu achten. Benutzen Sie daher so oft wie möglich eine konstruktive Sprache. Sie werden sehen: Schon nach kurzer Zeit geht Ihnen dieses Denken und Sprechen in Fleisch und Blut über, und Ihre Mitarbeiter werden es Ihnen danken.

Was genau können Sie tun, wenn Sie den Umgang mit Kollegen, Klienten oder Kunden verbessern und erfolgreicher gestalten wollen? Seien Sie vor allen Dingen ein Vorbild, indem Sie aktiv das vor-leben, was Sie selbst von den anderen erwarten. Leben Sie Ihre Werte, das macht Sie authentisch und glaubwürdig. Seien Sie sich selbst gegenüber aufmerksam und fürsorglich und betrachten Sie Dinge, die (noch) nicht optimal gelaufen sind, als Lernerfahrung.

Wenn sich Fehler eingeschlichen haben, überlegen Sie gemeinsam in ruhiger Art und Weise, wie Sie es in Zukunft besser machen können. Senden Sie, wie zuvor beschrieben, vor allem Ich-Botschaften statt anklagender Du-Forderungen! Wer angeklagt wird, kann sich nicht auf ein konstruktives Gespräch einlassen, sondern verwendet seine ganze Kraft darauf, sich zu verteidigen. Dann geht es nicht mehr um Inhalte, sondern darum, sich zu schützen, und die Kommunikation gerät in eine Sackgasse. Fokussieren Sie also im gemeinsamen Gespräch stets auf die Lösung und legen Sie fest, was der Einzelne und Sie selbst dazu beitragen können. Seien Sie stets achtsam und lassen Sie sich und dem anderen Raum! Planen Sie Zeit für sich, für den anderen und für Unvorhergesehenes ein!

Behalten Sie Ihre Prioritäten im Blick, achten Sie aber auch auf Ihre Grenzen, indem Sie Aufgaben delegieren. Damit trauen Sie den anderen etwas zu und entlasten gleichzeitig sich selbst. Gerade erfolgreichen Menschen fällt es nicht immer leicht, etwas aus der Hand zu geben. Sie brauchen aber auch Freiraum für Sie selbst, für neue Ideen und Entwicklungen und geben so den Mitarbeitern die Möglichkeit, mitzudenken, zu wachsen und selbstständiger und kompetenter zu werden. Auf diese Weise steigern Sie Ihrer aller Produktivität und Selbstbewusstsein.

Schaffen Sie die Arbeitsbedingungen, die Sie sich für sich selbst wünschen!

Legen Sie Wert auf das gemeinsame Ansteuern von Zielen und definieren Sie zusammen, für welche Bereiche jeder Einzelne zuständig oder aber die Gruppe als Ganzes verantwortlich ist. Übernehmen Sie dabei nicht nur die

Verantwortung für Ihren Arbeitsbereich, für Ihr Arbeitspensum, sondern berücksichtigen Sie dabei auch Ihre Gesundheit und Ihr Privatleben – so, wie Sie dies von anderen ebenfalls erwarten. Teilen Sie klar mit, worauf es Ihnen ankommt.

Das heißt jedoch nicht, dass Sie jede Kontrolle aus der Hand geben sollen. Im Gegenteil: Sorgen Sie durch regelmäßige Mitarbeitergespräche für Transparenz, damit alle sehen, wie sich Ihre gemeinsam festgelegten Ziele entwickeln. Loben Sie sich und die anderen, wenn Sie Ihre Ziele erreichen und wenn Sie Erfolge verzeichnen können.

Nichts motiviert so sehr wie ein Lob!

Gehen Sie mit den anderen genauso wertschätzend um, wie Sie dies für sich selbst verinnerlicht haben. Seien Sie dabei stets offen und neugierig auf Veränderungen, denn Neuerungen bringen immer eine Chance für Verbesserungen mit sich.

Bei Konflikten mit oder unter Ihren Mitarbeitern hören Sie erst einmal aktiv zu und wenden dann die gelernten konstruktiven Techniken an, um eine Lösung zu finden, von der alle profitieren. Es ist stets gut, das Gehörte noch einmal kurz zusammenzufassen, zu wiederholen und dabei auf die Resonanz des Gegenübers zu achten, damit sich der andere wohl und verstanden fühlt und sich öffnen kann. Bedenken Sie, wie viel Zeit Ihres Lebens Sie am Arbeitsplatz verbringen. Da lohnt es sich, eine Umgebung zu schaffen, in der Sie und die anderen sich wohlfühlen – angefangen beim Mobiliar über Pflanzen, die Lichtqualität bis hin zu Möglichkeiten, sich zurückzuziehen (gerade im Großraumbüro). Wenn jeder in seinem Einflussbereich auf diese Prinzipien und einen konstruktiven Umgang miteinander achtet, kann unsere (Arbeits-)Welt tatsächlich schöner und lebenswerter werden.

Und nun viel Spaß und Erfolg!

Literatur

Alman, B. u. P. T. Lambrou (2019): Selbsthypnose. Ein Handbuch zur Selbsttherapie. Heidelberg (Carl-Auer), 13. Aufl.

Bohne, M. (2016): Klopfen mit PEP. Prozessorientierte Energetische Psychologie in Therapie und Coaching. Heidelberg (Carl-Auer), 3. Aufl.

Bohne, M. (2019): Bitte klopfen. Anleitung zur emotionalen Selbsthilfe. Heidelberg (Carl-Auer), 7. Aufl.

Freud, S. (1890): Psychische Behandlung (Seelenbehandlung). In: R. Koßmann und J. Weiß (Hrsg.): Die Gesundheit; Ihre Erhaltung, ihre Störung, ihre Wiederherstellung, Bd. 1. Stuttgart/Berlin/Leipzig (Union Deutsche Verlagsgesellschaft).

Gößling, H.-W. (2013): Hypnose für Aufgeweckte. Hypnotherapie bei Schlafstörungen. Heidelberg (Carl-Auer).

Hartman, W. (2016a): Neue Varianten der Ego-State-Therapie. Workshop mit Live-Demonstrationen. M.E.G.-Jahrestagung „Erschöpfung – Burnout – Depression: Hypnotherapeutische Wege zu gesunder Balance“. Bad Kissingen, 3.–6.3.2016.

Hartman, W. (2016b): Berührung und »Embodiment« bei komplexem Trauma. Warum Reden allein nicht reicht. Vortrag, 2. Tagung »Reden reicht nicht!? Bifokal-multisensorische Interventionstechniken«. Heidelberg, 26.–29.5.2016.

Kaiser Rekkas, A. (2008): Im Atelier der Hypnose. Entwurf, Technik, Therapieverlauf. Heidelberg (Carl-Auer), 2. Aufl.

Kaiser Rekkas, A. (2010): Die Fee, das Tier und der Freund. Hypnotherapie in der Psychosomatik. Heidelberg (Carl-Auer), 3 Aufl.

Kaiser Rekkas, A. (2011): Klinische Hypnose und Hypnotherapie. Praxisbezogenes Lehrbuch für die Ausbildung. Heidelberg (Carl-Auer), 5. Aufl.

Overkamp, B. u. C. Rost (2018): Selbsthilfe bei posttraumatischen Symptomen. Übungen für Körper Geist und Seele. Paderborn (Junfermann).

Porges, S. (2009): The polyvagal theory: New insights into adaptive reactions of the autonomic nervous system. *Cleveland Clinic Journal of Medicine* 76 (2): 586-590.

Porges, S. (2010): Die Polyvagal-Theorie: Neurophysiologische Grundlagen der Therapie. Paderborn (Junfermann).

Porges, S. (2021): Die Polyvagaltheorie und die Suche nach Sicherheit. Traumabehandlung, Soziales Engagement und Bindung. Lichtenau/Westfalen (Probst), 4. Aufl.

Quon, R. J. et al. (2021): Musical components important for the Mozart K448 effect in epilepsy. *Sci Rep* 11: 16490. Verfügbar unter: www.nature.com/articles/s41598-021-95922-7 [12.2.2022].

Revenstorf, D. (2009): Hypnose in Psychotherapie, Psychosomatik und Medizin. Heidelberg (Springer Medizin), 2. Aufl.

Revenstorf, D. u. R. Zeyer (2011): Hypnose lernen. Anleitungen zur Selbsthypnose für mehr Leistung und weniger Stress. Heidelberg (Carl-Auer), 10. Aufl.

Zieschang, M. (2018): Traumhaft schlafen durch Selbsthypnose, München (Graefe Unzer), 2. Aufl.

Über die Autorin

MONIKA ZIESCHANG, Dr. med., Fachärztin für Psychotherapeutische Medizin, seit 1992 in eigener Praxis in Darmstadt; neben der Weiterbildung in Psychiatrie und tiefenpsychologisch fundierter Psychotherapie Ausbildungen in Autogenem Training, Psychodrama, EMDR und Hypnose (DGH); Sachbuchautorin; seit 2008 psychotherapeutische Privatpraxis mit Schwerpunkt Hypnose; Mitglied der Deutschen Gesellschaft für Hypnose (DGH).

Kontakt: www.zieschang-psychotherapie.de